스웨덴,
삐삐와 닐스의
나라를 걷다

글·사진 **나승위**

스웨덴,
삐삐와 닐스의 나라를 걷다

[문화와 역사가 함께하는
스웨덴 열두 도시 이야기]

피피에

프롤로그

닐스와 함께 날아본 북구의 푸른 하늘

예상치 않은 일들이 다반사로 벌어지는 것이 우리의 삶이다. 우리가 스웨덴에서 살게 된 것도 그런 일의 범주에 들어간다. 어느 날 갑자기 남편이 스웨덴 회사에 일자리가 생겼다고 했다.

세계 최고의 복지국가에서 살게 되다니, 나는 추호의 망설임도 없이 짐을 꾸렸다. 예전에 독일과 일본에서 살았던 경험이 있어서 외국 생활에 대한 커다란 두려움이 없었기 때문이고, 사실 이보다 더 큰 이유는 한국의 아찔한 교육 현실을 피해 세 아들의 교육이 스웨덴 복지로 해결될 것이기 때문이었다. 그러나 어린 아들 셋을 데리고 전혀 모르는 스웨덴어 글자에 둘러싸여 서먹한 생활을 한다는 것은 생각만큼 가뿐하지 않았다. 물론 시간이 흐르면 어떻게든 새로운 생활에는 적응하기 마련일 것이다.

남편 말에 따르면 한국과 스웨덴은 일하는 분위기가 상당히 다르다고 한다. 스웨덴에 온 지 얼마 지나지 않은 어느 날, 남편이 회사에 1주일에 하루만 출근하는 여직원이 있다면서 단순 노동이 아닌 다음에야 회사의 업무란 지속되어야 하는데, 어떤 계약 하에 그렇게 일하는지 모르겠다고 의아해했다. 나중에 알고 보니 그 여직원은 출산 휴가를 그렇게 쓰고 있었다. 아무리 법적으로 보장된 출산 휴가라 해도 이렇게까지 회사의 눈치를 보지 않을 수 있다니 무척 놀라웠다.

또한 스웨덴은 7월이면 거의 모든 사람들이 휴가를 떠나고 공식적인 업무는 거의 마비되다시피 한다. 어느 관공서에 전화를 걸어도 담당자는 모두 휴가 중이고, 심지어 곧 수술이 필요한 환자도 의사가 휴가에서 돌아오길 기다려야 한다. 7월에 휴가를 즐기는 것은 스웨덴 국민이 가지는 가장 큰 권리이기 때문이다. 이 따위로(!) 일하는 데도 이 나라가 국가 경쟁력은 세계에서 2, 3등이라고 한다.

노르웨이의 어떤 회사 사장이 스웨덴 사람들은 일을 너무 열심히 한다며 자기 회사에는 꼭 스웨덴 사람을 고용하고 싶다는 글을 이곳 신문에 올린 적이 있었다. 삽시간에 그 아래 수천 개의 댓글이 달렸는데 그중 스웨덴 사람을 고용한 적이 있던 한 영국인의 댓글을 보고 정말이지 배를 움켜쥐고 크게 웃지 않을 수 없었다. 옆에 스웨덴 사람이 지나가면 뒤통수를 한 대 갈겨주고 싶다는! 스웨덴인을 고용해서 만족할 수 있는 사람은 전 세계에서 아마 석유 팔아 돈 많이 버는 이웃 나라 노르웨이인뿐일 것이라는!

처음 스웨덴에 와서 살면서 까닭 없이 속상한 부분이 있었는데 곰곰 생각해보니 그런 열등감도 한몫했었던 듯싶다. 한국 사람들이 얼마나 치열하고 고단하게 사는 지 뻔히 아는 내게 이들의 삶은 여유롭다 못해

나태해 보였다. 내가 다니는 동네 미용실 주인 할아버지는 인도계 혼혈 영국인이다. 그에게 스웨덴 사람들의 게으름에 대해 슬쩍 비판조로 얘기를 꺼내보았더니 그분이 갑자기 흥분하면서 30년 뒤에 스웨덴은 망할 거라고 단언했다. 게으름뿐 아니라 따뜻한 인사 한마디 건넬 줄 모르는 냉정한 이웃, 아이들을 거의 내팽개치듯 키우는 부모, 이런 부모들 밑에서 자라는 어른 몰라보는 건방진 아이들, 부부 사이에도 통장을 따로 관리하고 심한 경우는 냉장고도 따로 쓰는 냉혈인들이라는 둥, 그 자리에서 그가 늘어놓은 스웨덴이 망할 수밖에 없는 이유는 열 가지도 넘었다.

그러면서 덧붙이는 말이, 아름다운 동방예의지국, 경제적으로도 승승장구하고 있는 한국처럼 좋은 나라에서 왜 망해가는 스웨덴에 왔느냐며 혀를 끌끌 차는 거였다. 그분의 말을 듣고 보니, 스웨덴은 정말 망할 것처럼 보이고 곧 한국이 모든 면에서 스웨덴을 넘어서는, 그야말로 세계 1등 국가가 될 것 같았다.

스웨덴 사람들 중에도 비슷한 비난을 하는 사람들이 종종 있는 것을 보면, 이 할아버지의 말이 아주 틀린 말은 아닐 것이다. 하지만 아무리 그렇다 해도 30년 뒤에 스웨덴이 망할 것이라는 말에 동의하는 사람은 별로 없다. 게다가 우리가 버린 수많은 고아들을 받아 길러준 고마운 나라가 또 스웨덴이 아닌가? 아직도 한국을 입양아 수출국으로 알고 있는 스웨덴 사람들이 많다.

우연히 스웨덴에 입양되어 온 한국인 청년을 한 명 알게 되었다. 생후 6개월에 스웨덴으로 입양되어 온 그 청년은 한국말은 '안녕하세요' 한마디도 하지 못하는, 그야말로 뼛속까지 스웨덴 사람으로 자라났다. 한국에 대해 아는 것도 없고 부모에 대한 그리움도, 원망도 없다고 했다. 그가 한국에서 살았다면 어떤 삶을 살았을지 알 수는 없지만, 우리나라의 현실을 생각해보건대 이보다 더 잘되긴 어렵지 않았을까 싶다. 적어도 그는 이곳에서 친절한 양부모의 보살핌을 받으며 대학 교육까지 받았고 현재 여자 친구도 있으며 다니는 직장도 만족스럽다고 했다. 참 다행한 일이다.

그러나 그는 나처럼 한국인의 외모를 가졌으니 그를 모르는 사람들은 어쩌면 그에게 영어로 말을 걸 것이다. 아무리 그가 스웨덴인의 모든 법적 지위를 갖고 있다 하더라도 그는 태생이 다른 존재임을 온몸으로 말하고 있는 것이다. "그게 뭐 대수냐?"라고 말할 수 있다. 맞다. 그건 대수가 아닐 수 있다. 그리고 적어도 그에게는 그게 대수가 아니어야 한다. 그리고 정말 고맙게도 그는 이렇게 말해주었다. 방황하며 보낸 청소년기를 "그땐 어렸기 때문에……."로 설명했고, 자신을 버린 부모에 대해서는 "그렇게밖에 할 수 없었을 테니 얼마나 마음이 아팠겠는가?"로 이해하고 있었으며, "이곳에서 잘 자랐으니 감사하다."라는 말로 자신의 아름다운 마음을 표현했다.

이 청년을 만난 뒤 나는 스웨덴에 얼마나 감동했는지 모른다. 이웃에게 따뜻한 인사 한마디를 건네지는 않아도 한 인간을 이 정도로 성숙하게 길러내는 사람들이고 사회라면 냉정하다고 하기는 어렵지 않을까? 물론 내가 보는 단편적인 모습으로 사회 전체를 판단할 수는 없을 것이다. 운이 좋아 좋은 모습을 많이 봤다면 좋은 사회라 할 것이고, 운이 나빠 나쁜 모습을 많이 봤다면 나쁜 사회라 할 것이다. 스웨덴에서 사는 햇수가 더해지다 보면 이런 저런 모습을 다양하게 보게 되리라.

보다 구체적으로 스웨덴을 알고 싶은 욕구가 마음속에서 스멀스멀 생겨나기 시작했다. 생각해보니 스웨덴에 대해 아는 게 거의 없었고, 들은 풍월 또한 얄팍하기 이를 데 없었다. 애들을 모두 학교에 보내고 말뫼시립도서관을 배회하면서 두툼한 역사책을 한 권 집어 들었다.

두툼한 역사책이라 담고 있는 내용도 풍부했다. 닐스라는 소년이 엄지 손가락 크기만큼 작아지는 마법에 걸려 거위 등을 타고 여행하는 모험담을 그린, 어린 시절 읽은 동화『닐스의 신기한 여행(Nils Holgerrsons Underbara Resa)』이 스웨덴 여행기임을 알게 되었고, 저자 셀마 라겔뢰프(Selma Lagerlöf, 1858~1940)가 스웨덴에서 최초로 노벨문학상을 받은 작가임도 알게 되었다. 내가 읽었던 책은 아주 얇았던 것으로 기억되는데 도서관에 비치되어 있는『닐스의 신기한 여행』원본은 아주 두툼했다. 역사책과 더불어『닐스의 신기한 여행』도 읽기 시작했다.

『닐스의 신기한 여행』을 재미있게 읽고 있는 내게 평소 여기저기 여행하기를 좋아하는 남편이 '애들 데리고 닐스 따라 여행을 다니면 어떻겠느냐' 는 제안을 했다. 너무 멋진 생각이었다. 나는 1초의 지체도 없이 탄성을 지르며 동의했다. 스웨덴과 친해지기 위해 여행만큼 좋은 방법도 없지 싶었다. 이렇게 해서 우리의 '닐스를 따라다니는 스웨덴 여행' 이 시작되었다.

원래『닐스의 신기한 여행』은 셀마 라겔뢰프가 국립교원협회로부터 의뢰를 받아 청소년들에게 스웨덴의 지리와 풍습을 알려주기 위해 쓴 지리독본이다. 지리독본이라 하기엔 내용이 너무 소설적이고 전설과 민담이 많아 교육계의 환영은 받지 못했지만 문단에서는 최고의 찬사를 받았다. 책 출간 3년 후에 저자가 노벨문학상을 받았으니 이 책이 노벨상 수상에 얼마나 지대한 공을 세웠는지 굳이 설명할 필요가 없을 것이다.

우리는 스웨덴 지도를 펼쳐놓고 닐스가 다닌 곳에 동그라미를 쳤다. 거위 등에 탄 닐스는 스웨덴 가장 남쪽 지방인 스코네부터 가장 북쪽 지방인 라플란드까지 스웨덴 전국을 여행했으나 나는 사람들의 삶과 역사가 주로 이루어진 달라르나 지방 이남까지만 여행했다. 실제로 지금도 달라르나 위쪽은 풍토가 척박하여 버려진 땅이 많고 사람들도 별로 살지 않는다. 『닐스의 신기한 여행』에서도 닐스의 전체 여정의 약 4분의 3 정도가 달라르나 지방 이남 이야기로 이루어져 있다. 나는 닐스의 여정 4분의 3을 충실히 다녔으나 이 책에서는 지면의 부족 등 여러 가지 이유로 다닌 곳을 다 다루지는 못했다. 그러나 가급적이면 닐스가 다닌 곳을 순서대로 다니려고 노력했고, 각 장은 편의상 스코네, 블레킹에, 스몰란드 같은 행정구역별로 나누었다.

셀마가 이 책을 집필할 당시 스웨덴은 우리나라의 보릿고개만큼이나 어려운 시기였다. 수많은 사람들이 아메리칸드림을 꿈꾸며 고향을 버리고 머나먼 타향으로 이민을 가던 비참한 때였는데, 더불어 스웨덴의 민족의식이 한껏 팽배했던 시기이기도 했다. 『닐스의 신기한 여행』 갈피갈피에 나타나는 셀마의 스웨덴에 대한 자부심과 사랑은 눈물겨울 정도이다. 그런 그녀가 닐스를 보낸 곳이라면 반드시 스웨덴에 깊은 의미가 있는 장소일 것이라 생각했다.

처음 책을 구상하면서 가졌던 의도는 닐스가 안내하는 장소들을 훑어가면서 이 게으른 사람들이 어떻게 이렇게 잘사는지 그 역사적 단초를 알아내는 것이었다. 그리고 장수국가에서 사는 행복한 노인의 죽느

니만 못한 처절한 외로움 같은, 눈에 보이는 현상만이 아니라 감춰진 것을 들춰보고 싶은 욕구도 함께 있었다. 우리에게 스웨덴이 너무 아름다운 모습으로만 비추어져 있기 때문에 이에 대한 반감이 작용했는지도 모르겠다. 그리고 미용실 주인 할아버지 눈에는 냉혈인으로 보이는 이 스웨덴 사람들이, 어떻게 저 멀리 아시아에 있는 불쌍한 아이들까지 입양하여 키우려는 아름다운 마음을 한두 명도 아니고 단체로 먹게 되었는지도 궁금했다. 그러나 마실수록 목이 마르는 이상한 음료를 마시는 듯, 이 사회에 대한 호기심은 날이 갈수록 더해간다.

스웨덴에서 산 지 그럭저럭 6년이 넘으니 일상생활은 익숙해졌지만, 여전히 남의 집 행랑채에 머물고 있는 객(客) 같은 서먹함은 마음속에 언제나 존재한다. 그럼에도 불구하고 나의 스웨덴에서의 경험과 탐구 여행이 스웨덴을 알고 싶어하는 독자들에게 조금이나마 도움이 되면 좋겠다.

아이들과의 여행은 힘들었지만 즐거웠고 소중한 추억으로 남을 것이다. 여행을 먼저 제안해주고 책을 쓰도록 격려하며 모든 걸음을 함께 걸어준 남편에게 고마움을 전한다. 부족한 원고를 아름다운 책으로 탄생시켜주신 파피에 출판사 대표님과 편집장님께도 깊은 감사를 드린다. 그리고 지금까지 나의 모든 것을 응원해주시고 내 삶 전부를 빚진 어머니께 이 책을 바친다.

2015년 12월
나승위

시작하기 전에

닐스의 여행은 어떻게 시작되었을까?

게으르고 말썽만 피우는 14살 소년 닐스가 부모님이 교회에 간 사이 마법에 걸려 엄지손가락만한 꼬마 집요정으로 변한 기가 막힌 일이 일어난 것은 1904년 3월 20일 일요일이었다. 갑자기 동물들의 말까지 알아듣게 된 닐스는, 자신이 지금까지 얼마나 많은 못된 짓을 하며 살았는지 닭이며 소, 고양이 등 집 주변의 동물들이 불행한 일을 당한 자신을 신나게 놀려대는 말을 듣고 깨달았다.

닐스는 아주 우울한 마음으로 하늘을 쳐다보았는데, 때마침 기러기들이 멋진 V자 대형으로 길게 두 줄 지어 농장 위를 날아가고 있었다. 그런데 이 기러기들이 집에서 기르기 위해 길들인 기러기, 즉 거위를 보고 곤두박질치듯 날아 내려오면서 "함께 가자."고 유혹을 하는 게 아닌가? 닐스는 긴장했다. 거위들이 기러기를 따라 모두 날아가버리면 부모님께서 얼마나 속상하시겠는가?

다행스럽게도 가장 나이 많은 어미 거위가 저런 '떠돌이 철새'들과 "함께 가면 기다리는 건 배고픔과 추위뿐"임을 강조하면서 몇 번씩 날

갯짓을 하던 거위들을 다독여 땅 위의 안온한 삶에 만족하도록 독려했다. 그러나 어느 곳에나 안온함에 순응하기보단 거칠고 넓은 세계를 꿈꾸며 사서 고생하려는 어리석은 자가 있게 마련이다. 모르텐이라는 이름의 나이 어린 흰 거위가 바로 그런 자였다.

닐스는 기러기 무리를 따라 날아오르는 모르텐을 잡으려다 얼결에 그의 등에 올라 하늘을 날게 되었다. 그야말로 얼떨결에 기러기 여행에 합류하게 된 것이다. 그들이 합류한 기러기 떼는 거의 100살이나 된, 전설적인 기러기 대장 아카가 이끄는 최고의 무리였는데, 닐스와 모르텐은 이들과 함께 스웨덴 남쪽 스코네에서부터 북쪽 끄트머리 땅 라플란드까지 여행을 하게 되었다.

아무리 용감해도 떠돌이 기러기들의 삶이란 위험하고 거칠기 짝이 없었다. 닐스는 그들과 더불어 스웨덴 방방곳곳을 다니면서 총체적인 야생의 삶을 체득하고 삶에 필요한 귀한 교훈을 얻을 수 있었다.

차례

프롤로그 _ 닐스와 함께 날아본 북구의 푸른 하늘 · 5

시작하기 전에 _ 닐스의 여행은 어떻게 시작되었을까? · 12

1장. 스웨덴의 시작점 스코네 · 18

글리밍에후스 성 _ 중세 억압의 역사 · 쿨라베 리산 _ 자연보호와 인공 설치물의 대결

2장. 작지만 강한! 블레킹에 · 50

론네뷔 _ 잔인한 전쟁의 역사를 지닌 아름다운 공원 도시 · 칼스크로나 _ 세계문화유산으로 등극한 스웨덴의 해군 기지

3장. 역사의 나이테가 그대로 발트해의 두 섬, 욀란드와 고틀란드 · 76

욀란드 _ 황량하지만 풍족한 섬 · 고틀란드와 비스뷔 _ 신비한 중세 도시에서 피어난 스웨덴 정치의 화려한 꽃

4장. 말괄량이 삐삐의 고향 스몰란드 · 122

이민박물관 _ 가난했던 스웨덴인들의 아메리칸 드림 · 삐삐마을 _ 말괄량이 삐삐의 고향을 찾아서 · 유리왕국 _ 가난한 노동자들의 옛 쉼터

5장. 희대의 사기꾼 성냥왕 타베리와 후스크바르나 · 148

6장. 고집스러운 농부의 땅 동예틀란드 · 160

토케른 호수 _ 최선의 자연보호책은 무엇일까 · 예타 운하 _ 스웨덴의 최대 건설 실책

7장. 스웨덴에서도 우세한 상업 논리 쇠데르만란드와 네르케 · 180

콜모르덴 숲 _ 동물원이 되다 · 외레브로 _ 스웨덴의 녹두장군, 엥겔브렉트의 도시

8장. 스웨덴의 부의 원천 베스트만란드와 달라르나 · 196

엥겔스베리 제철공장 _ 철이 내린 축복으로 · 팔룬 _ 구리 광산 도시

9장. 스웨덴 정신의 뿌리 우플란드 · 216

스톡홀름 _ 충만한 민족적 자긍심 · 웁살라 _ 학문이 다스리는 도시

10장. 셀마 라겔뢰프의 고향 베름란드 · 284

모르바카 _ 스웨덴 국민 작가의 숨결이 곳곳에

에필로그 _ 닐스, 안녕! · 300

Skåne

1장. 스웨덴의 시작점

스코네

스코네, 3월 20일 ~ 3월 29일

부모님이 교회에 간 사이에 말썽꾸러기 소년 닐스는 우연히 발견한 꼬마 집요정을 잠자리채에 잡아넣고 흔들며 놀리다가 뺨을 얻어맞고 꼬마 집요정이 되는 마법에 걸린다.

동물들의 말을 알아듣게 된 닐스는 함께 날아가자는 기러기 떼의 유혹에 넘어가 날아오르려는 흰색 거위 모르텐을 붙잡으려다 얼결에 모르텐의 등에 올라 '아카' 대장이 이끄는 최고의 기러기 무리의 여행에 합류하게 된다. 아카는 닐스가 인간이란 사실을 알고 경계하지만, 닐스는 교활한 여우 스미레로부터 목숨을 걸고 기러기를 구해내 아카의 신임을 얻는다.

닐스는 허허벌판에 우뚝 선 글리밍에후스 성을 공격하는 회색 쥐 떼를 몰아냈고, 인간으로서는 최초로 쿨라베리산에서 열리는 동물들의 축제인 '두루미 대무도회'에 참석한다. 그러나 여우 스미레는 동물 축제에서 기러기를 물어 죽이는 만행을 저지른 대가로 스코네 지역에서 추방당한다.

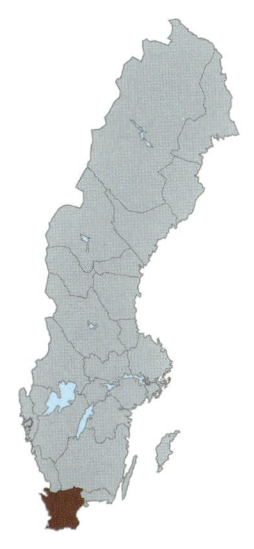

스웨덴의 역사는 스웨덴 최남단 지역인 스코네에서 시작된다. 지금으로부터 1만 4,000여 년 전, 수천 미터의 빙산으로 덮여 있던 동토의 땅 스칸디나비아에 인간의 온기가 처음 닿은 곳, 1881년 어느 가을날 작은 키에 살짝 절름발이인 32살의 아우구스트 팜(August Palm, 1849~1922)이 스웨덴 현대사의 정치적 기둥이 된 사회민주당의 씨앗이 될 사회주의 서적을 가방 가득 담아 들고 아내와 여섯 아이들의 손을 잡고 배에서 처음 내려선 곳, 그리고 닐스의 여행이 시작된 작은 농가 벰멘회그(Vemmenhög)가 있는 곳, 바로 스코네이다. 또 내가 스웨덴 땅을 처음 밟은 곳도 이곳이다.

닐스의 여행 경로를 따라가는 스웨덴 여행기를 구상하면서 처음 갔던 곳은 닐스의 고향집, 벰멘회그였다. 그와 여행의 시작점을 공유하고 싶었기 때문이었는데, 공교롭게도 벰멘회그에 간 3월 20일이 닐스가 꼬마 요정으로 변해 여행을 시작한 날이었다. 더욱 공교롭게도 닐스가 여행을 떠난 날도 일요일이었고 우리가 갔던 날도 일요일이었다.

물론 닐스는 소설의 주인공일 뿐이므로 실제 살았던 곳은 없다. 그럼에도 런던에 가면 셜록 홈스가 살았던 베이커 거리 221번지가 있을 것 같듯이, 벰멘회그에 가면 닐스의 집도 있을 것 같았다. 벰멘회그를 향해 가는 한적한 시골길에 거위를 탄 닐스가 길을 안내하고 있었다. 『닐스의 신기한 여행』은 스웨덴 전 국민의 필독서인 만큼 닐스가 거쳐간 곳에는 어김없이 닐스의 흔적이 있다.

마을 입구에 '닐스의 고향'이라는 안내문이 보인다. 닐스는 20세기 초, 스웨덴 국민의 주류를 이루던 가난한 농부의 아들이었다. 오늘날 스웨덴은 닐스가 살았던 시대와는 비교할 수 없을 만큼 부유한 나라가 되었지만 적어도 겉보기에는, 우리나라의 1970년대 강압적인 새마을 운동 이후처럼 초가 지붕이 슬레이트 지붕으로 변한 것만큼의 급격한 변화는 없어 보였다. 농가들은 모두 단정하고 아담하며 빈곤한 티는 나지 않았지만 지은 지는 적어도 100년은 넘은 듯했다. 주변은 아주 오래전부터 그래왔던 것처럼 목초지가 펼쳐져 있었고 나이 많은 버드나무가 늘어져 있었으며 휘파람이라도 불라치면 어딘가에서 거위들이 뒤뚱거리며 걸어나올 것 같았다.

스코네는 스웨덴과 덴마크가 서로 빼앗기 위해 오랜 세월 쟁탈전을 벌인 땅이다. 그만큼 토지가 비옥할 뿐 아니라 전략적 요충지이자 무역의 중심지다. 원래 덴마크 땅이었던 스코네를 14세기에 스웨덴 왕 마그누스 에릭손(Magnus Eriksson, 1316~1374)이 4만 9천 은화라는 당시로선 어마어마한 거금을 주고 덴마크의 실세였던 홀스타인 백작(count of

닐스가 살았던 작은 농가 마을 벰멘회그. 작은 마을이 벌판 위에 외로운 동그라미처럼 그려져 있었다. 뒤쪽의 높이 솟은 건물은 닐스의 부모님이 다녔을 것으로 추정되는 교회다.

닐스가 다니던 초등학교와 부모님이 다니던 교회를 한눈에! 왼쪽 건물이 초등학교이고 오른쪽이 교회다.

Holstein)으로부터 사들였다. 덕분에 마그누스 에릭손은 당시 유럽에서 가장 넓은 땅을 다스릴 수는 있었으나 여생을 빚더미 속에서 끙끙대며 불행한 삶을 살았다. 오죽 궁했으면 왕 체면에 당시 재력가였던 보 욘손(Bo Jonsson, 1330~1386)에게 땅이며 보석을 저당 잡히고 돈을 빌렸을까. 왕실 재정이 휘청거릴 정도로 많은 돈을 지불하고 산 스코네를 덴마크는 나중에 치사하게 무력으로 되찾았다.

마그누스 에릭손이 돈을 빌렸던 보 욘손은 어찌나 큰 부자였는지 그가 죽은 뒤 그의 재산을 놓고 독일 출신의 왕과 스웨덴 귀족들이 소유권 다툼까지 일으켰다. 이 다툼에서 어부지리로 크나큰 횡재를 한 사람이 있었으니 바로 덴마크의 마르그레테 여왕(Margrete, 1353~1412)이었다. 그녀는 덴마크 왕의 딸이었지만 스웨덴에서 교육을 받았고 노르웨이 왕실로 시집을 갔으니 태생적으로 세 나라와 모두 연관이 있었다. 그녀는 스웨덴 내분에 초대되어 스웨덴 왕을 쫓아내고 덴마크, 스웨덴, 노르웨이의 삼국 연합 체제를 만든 그 유명한 '칼마르 동맹(1397~1523)'을 체결하고 스칸디나비아의 군주가 되는 영광을 누린다. 그 후에도 스코네와 그 주변 땅을 놓고 스웨덴과 덴마크 사이의 분쟁은 끊이지 않았고 땅에 핏물이 고일 정도의 처절한 전쟁도 숱하게 벌어졌으나, 스웨덴 땅으로 귀속된 1658년부터 지금까지 스코네는 스웨덴 땅이 되었다. 현재로 봐선 스코네가 다시 덴마크 땅이 될 일은 없어 보인다.

지금은 핏빛 과거사는 말끔히 잊었는지 1990년 대 말, 덴마크와 스웨덴 사이의 외레순 해협을 잇는 외레순 다리를 건설했다. 이것으로 스코네와 덴마크 동부 셸란드(Själland)가 같은 생활권이 되었다. 내가 사는 동네인 말뫼는 덴마크랑 특히 가까워서 덴마크 사람들이 많이 살고 있는

외레순 다리. 덴마크와 스웨덴을 하나의 생활권으로 묶어준 다리다.

데 이유인즉, 기차나 버스로 덴마크의 코펜하겐까지 30분이면 출퇴근이 가능한데 우리 동네가 덴마크보다 거주 비용이 싸기 때문이다.

　스웨덴 역시 물가가 상당히 높다고 알려져 있으나 노르웨이나 덴마크 등 다른 스칸디나비아 국가에 비하면 상대적으로 낮은 편이다. 정말이지 노르웨이에서는 지갑을 열기가 두려웠고, 기차를 타고 덴마크에 나들이라도 가는 날이면 무겁다고 투덜대는 남편의 배낭에 도시락은 물론, 물까지 얹어 주게 된다.

　하지만 간식거리까지 없었다간 아예 나들이를 안 가겠다고 할 것이 분명하니 아이들에게 아이스크림이나 와플 사줄 정도의 돈은 환전한다. 스웨덴과 덴마크, 노르웨이는 유로화를 사용하지 않아 아이스크림 다섯 개 살 정도의 돈을 환전할 때마다 수수료로 아이스크림 한 개 값을 더 지불하게 되는데, 환전할 때 속이 좀 쓰리긴 하나 유로화로 갈아타지 않았던 탓에 스웨덴은 화폐통합 당시 다른 유럽 국가들과 달리 물가 불

닐스는 태어난 지 100년이 넘었으나 그때와 똑같은 모습으로 고향 마을에서 거위들과 더불어 소년 시절을 보내고 있다.

안을 비교적 가볍게 겪었다.

스코네 지방에는 거위가 아주 많고 또 유명하다. 닐스가 비둘기나 갈매기가 아니라 거위 등에 올라탄 데에는 이유가 있었던 것이다. 거위가 어찌나 많은지 스코네 지역과는 별로 상관도 없는 프랑스 투르 지방의 주교였던 마르티노(Martin of Tours, 316~397)를 기념한다며 거위 잡아 먹는 날을 따로 정했다. 매년 11월 11일이 그날인데 이즈음 몇몇 유명 레스토랑에서는 한시적으로 특별히 거위 요리를 선보인다.

말하기 부끄럽지만 나는 거위가 길들여진 기러기라는 걸 처음 알았다. 막연히 거위는 오리의 사촌쯤 될 거라고 생각했었다. 공원에서 오리마냥 뒤뚱거리며 사람들이 던져주는 빵 조각을 먹으며 사는 거위가,

V자 대형의 경이로운 질서 속에서 줄지어 날아가는 멋진 기러기임을 생각할 수 없었던 것이다.

글리밍에후스 성
중세 억압의 역사

대부분의 스웨덴 관광 명소는 동절기에 문을 닫는다. 그런데 내가 글리밍에후스 성을 방문했던 날은, 통상 문을 걸어 잠그는 동절기 한복판에 크리스마스 행사를 한다고 잠깐 문을 연 이틀 중 하루였다. 정말 기가 막힌 행운이었다. 눈비 섞인 폭풍을 뚫고 숨을 곳 하나 없는 벌판 사이 국도를 달려 그야말로 벌판에 우뚝 솟아 있는 글리밍에후스 성을 방문했다. 허허벌판 위에 덩그러니 놓인 성을 보니 성이 지어졌을 때나, 닐스가 방문했을 때나, 그리고 내가 보는 오늘이나 성의 모습은 별로 달라진 게 없어 보였다.

정말 기괴한 성이다. 투박한 겉모습도 그렇지만 내부는 더욱 그렇다. 성 주변에는 해자가 둘러쳐져 있고 창문이라고는 투박한 돌벽에 구멍 몇 개 나 있는 게 전부인, 내 눈에는 그저 요새로만 보일 뿐이었다. 이런 성을 거주 목적으로 지었다니 일면 당시 사회상을 가늠해보게 된다. 대체 이 성은 어떤 시대의 산물일까?

스코네에 돌로 성을 짓기 시작했던 것은 12세기 초부터였고, 15세기 무렵에는 귀족이나 주교 같은 부유한 사람들이 거주 목적으로 교외에 이런 요새화된 돌성을 짓는 것이 일반화되었다. 당시 스웨덴은 덴마크,

글리밍에후스 성. 성뿐만 아니라 주변마저 옛 모습 그대로인 듯 허허벌판이다.

노르웨이와 함께 칼마르 동맹(1397~1523)의 3국 연합 하에 있었는데 귀족들의 권력다툼으로 민생이 피폐해지면서 권력층에 대한 불만이 고조되었다. 이런 불만은 곧 농민 봉기로 이어졌고 귀족들은 농민 봉기로부터 스스로를 보호하기 위해 이처럼 돌로 만든 성을 지었다.

이러한 성은 당시 귀족들이 누린 경제적인 여유와 발전된 건축 기술을 말해주지만, 귀족들의 안락하고 안전한 삶을 위해 돌로 성을 짓느라 실제 노동력을 쏟아 부어야 했던 사람들은 농민들이었다. 농민들의 피와 땀으로 지어진 이런 육중한 성이 농민들의 공격을 막기 위한 효과적인 방편이 되었다니 참 아이러니하다. 실제 15세기 중반, 스웨덴에서도 우리나라로 치면 전봉준 장군쯤 되는 지도자가 나타나 대대적인 농민 봉기를 주도했었다. 이 장군에 관해서는 뒤에서 자세히 이야기하자.

사실은 이러한데, 셀마 라겔뢰프는 『닐스의 신기한 여행』에서 "옛날, 자고 나면 전쟁이 벌어졌던 시기에 사람들은 이렇게 크고 견고한 집에 살 수 있다는 것을 기쁘게 생각했다. 마치 한겨울 몰아치는 추위 속에 털가죽 옷을 입는 것처럼 행복한 일이었다."고 썼다. 이 행복은 당시 성의 주인이었던 덴마크 귀족, 옌스 홀게르센 울프스탄드와 그의 가족들만 느꼈을 것이다.

1499년 5월 2일, 보름달이 뜨기 바로 전날, 옌스 홀게르센 울프스탄드(Jens Holgersen Ulfstand, 1450~1523)는 글리밍에후스 성을 짓기 위해 첫 삽을 떴다. 성의 건축을 담당했던 독일 출신 아담 반 뒤렌(Adam van Düren)은 당시 스칸디나비아에서 가장 유명했던 건축가다. 성 주인의 위세가 상당했던 모양이다. 중세시대의 다른 성들과 달리 이 성이 건립된 날짜를 정확히 알 수 있는 이유는 입구 위 돌판에 날짜가 적혀 있기 때문이다.

글리밍에후스 성의 투박하기 이를 데 없는 앞모습. 창문이 그야말로 숨구멍처럼 나 있다.

당시 유럽에서는 대포가 사용되었는데, 유럽 대륙의 성주들이 포격을 방어하기 위한 장치를 따로 마련한 반면 스칸디나비아에서는 성 주위에 해자를 파고 벽을 두껍게 만듦으로써 포탄의 공격을 막았다. 적극적인 공세보다 소극적인 방어를 한 셈인데, 이러한 성격은 지금까지 내려오는 것 같다. 스웨덴 사람들은 싫어도 결코 표면적으로 내색하지 않고 상대방과 직접적인 대립 구도를 만들지 않는다. 북유럽 사람들은 솔직하고 직설적일 것이라 생각했는데 의외였다. 이는 대부분의 스웨덴 사람들이 인정하는 스웨덴인의 특징이다.

글리밍에후스 성의 경우 건물 하단부의 돌벽 두께는 자그마치 2.4미터, 상단부 두께는 1.8미터나 된다. 스칸디나비아에 남아 있는 중세시대 성들 중에 가장 보존이 잘된 성이라는데, 그도 그럴 것이 어찌나 견고한지 구식 대포로는 아무리 포격을 가해도 흠집 하나 내기 어려울 성 싶었다. 왕의 명령에 따른 대대적인 파괴 시도가 두 번이나 있었는데도 모두 실패로 돌아갔다고 하니, 옛날 사람들은 이런 육중한 돌들을 어떻게 날라다가 성을 지었을까?

이런 성의 주인이라면 겁쟁이거나 지은 죄가 무척 많거나, 둘 중 하나일 것이다. 철통 같은 보안을 강조하는 지도자 역시 자신이 어떤 지도자인지 고백하는 것일 게다. 아무튼 당시 상위 귀족들은 모두 이런 요새화된 집에서 살았고 이후 400년 넘게 글리밍에후스 성은 곡식저장소로 사용되었다. 역시 생긴 모습대로 사용되는 것인지 성이라기보다는 저장소 모습이다. 게다가 관련 자료도 많지 않아 오랫동안 학자들의 관심 밖이었다. 주변을 두르고 있던 해자는 쓸모 없다 싶어 메워졌고 성에 딸린 건물들도 재건되거나 확장되었다.

1924년, 그때까지 개인 소유로 있던 글리밍에후스 성은 국가에 기증되었고 1930년대 중반, 성 주변 정원에 보수 공사를 시행했는데 이때 성을 둘러쌌던 해자에서 많은 유물들이 발굴되었다. 발굴된 유물들은 짐작대로 이 가문이 대단한 상류층임을 말해주었는데, 대부분 당시 유럽에서 가장 비싸게 통용되던 물품들이었다.

우리가 간 날은 크리스마스 행사 때문이었는지 궂은 날씨임에도 사람들로 꽤 북적거렸다. 매표소를 겸한 기념품 가게에서 표를 사고 잠깐 얼쩡대고 있었더니 직원이 옆 건물에 있는 중세시대의 부엌에 가보라고 알려주었다. 크리스마스 시즌이면 스웨덴 거리는 아주 독특한 생강

아치형 천장이 인상적이었던 글리밍에후스 성의 거실.

글리밍에후스성 내부. 조그만 창문을 둘러싼 벽 두께가 자그마치 1.5미터나 된다.

빵 냄새로 가득 찬다. 비바람이 몰아치는 와중에도 어디선가 이 생강빵 냄새가 풍겨왔다. 냄새의 진원지는 그 부엌이었고, 아이들이 직접 생강빵을 만들어보는 체험 이벤트가 한창이라는 것이다.

  부엌은 두 부분으로 나뉘어 한쪽에서는 아이들과 부모들이 모여 짚과 나무 등으로 크리스마스 용품을 만드는 체험 놀이를 하고 있었고, 다른 한쪽에서는 아궁이 앞에서 생강빵을 굽는 이벤트가 벌어지고 있었다. 아이들에게 반죽을 조금씩 떼어주고 밀대로 밀게 한 뒤 그것을 두터운 주물팬에 구워주었다. 촛불만 켜놓은 아궁이 쪽은 정말 어두웠다. 간간이 휴대폰 조명을 이용해서 주변을 밝혀야 했으니 어떤 재료가 어떻게 들어가는지도 알 수 없었다. 중세시대 레시피 그대로 만든다더니 시중에서 파는 생강빵보다 향이 훨씬 진하고 매웠다. 한 입씩 베어 물고 인상을 찌푸리는 아이들 덕분에 세 개나 먹었더니 속이 얼얼했다.

  부엌에서 나와 본격적으로 성의 내부에 들어가 보려는 순간, 발랄한 할머니 한 분이 펄쩍펄쩍 뛰면서 자기를 따라 성으로 들어가자고 고함을 치며 돌아 다녔다. 뭔가 이색 체험의 시간이 온 것이다. 반가운 마음에 다른 관광객들과 함께 줄지어 아이들의 손을 잡고 할머니를 따라 진눈깨비 폭풍이 몰아치는 정원을 지나 성 안으로 들어갔다. 본격적인 기괴함이 시작되었다.

  관광객들로 하여금 중세시대 분위기를 그대로 느껴보라는 취지인 듯, 성 안은 온통 깜깜했다. 가뜩이나 어둡고 음산한 날씨에 창문은 숨구멍마냥 나 있으니 더듬거릴 수밖에 없었는데 위층으로 오르는 돌계단부터 너무 가파르고 계단 간격이 너무 넓었다. 이런 가파른 계단을 오르내리면서 어찌 생활을 했을까 의아해하면서 관광객들 사이에 끼여

글리밍에후스 성에서 생강빵을 구워주는 아낙. 중세시대 레시피 그대로 구워낸 생강빵은 향이 진하고 몹시 매웠다.

더듬더듬 올라간 2층에는 제법 큰 홀이 있었다. 명랑한 할머니가 우리를 이끌고 간 목적지가 그곳이었다.

그곳에서 할머니는 스웨덴 민요와 손을 잡고 빙글빙글 도는 기차놀이를 알려주었다. 우리 일행을 제외하고는 모두 스웨덴인이었는데 간혹 우리를 위해 영어로 설명해주는 친절을 베풀었다. 밖에서는 거센 비바람이 몰아치는데 어두컴컴한 중세의 성 안에서 탬버린을 흔들며 노래를 부르고 춤을 추고 있자니, 뭔가 그로테스크한 분위기였다.

그런데 참으로 기괴하게도 성 안은 온통 덫으로 뒤덮여 있었다. 혹시 들어올지 모를 침입자를 공격하기 위한 덫 말이다. 위험하기 짝이 없는 난간과 가짜 문, 막다른 복도, 침입자 머리 위에 뜨거운 물을 쏟아 부을 수 있게 만든 구멍, 지나치게 두꺼운 벽, 그 밖에도 다양한 덫이 곳곳에 포진하고 있다. 주거용으로 지어진 성치고는 지나친 장치들이 아닐 수 없다. 비슷한 시기에 지어진 주변의 다른 성들과 비교해도 상당히 심하다. 왜 이런 장치들까지 고안해야 했는지 궁금하기 짝이 없다.

그러나 나의 궁금증은 풀리기 어려울 전망이다. 건축물 자체가 원형 그대로 보존되어 있다고는 하지만, 사료나 발굴 유물만으로 글리밍에후스 성에 대한 궁금증을 풀기에는 한참 부족하기 때문이다. 많은 학자들이 나름의 해석을 내놓고 있지만 옌스 홀게르센이나 아담 뒤렌이 나타나 얘기해주지 않는 이상, 글리밍에후스 성은 앞으로도 풀리지 않는 수수께끼를 안고 학자들을 매혹시키는 대상으로 남을 것이다.

그럼에도 불구하고 스웨덴 지폐 중 가장 작은 단위인 20크로나짜리 지폐에는 셀마 라겔뢰프와 거위 등에 올라탄 닐스, 그리고 글리밍에후스 성이 그려져 있다. 셀마 라겔뢰프의 소설에 등장하는 수많은 아름다운 성들과 마을을 제치고 글리밍에후스 성이 당당하게 모델로 뽑힌 것이다. 이 지방 민담에 따르면 이 성은 다양한 유령의 출몰이 잦았다는데, 지금도 여름철이면 성을 둘러싼 '기이하고 무서운 이야기' 만들기 행사가 있다고 한다. 왜 아니겠는가? 이런 성에는 아름다운 이야기는커녕 무서운 이야기만 잔뜩 있을 듯했다. 성주에 대한 농민들의 원성이 얼마나 높았을까! 단단한 글리밍에후스 성은 스웨덴 중세시대 억압의 역사를 옹골지게 말해주고 있었다.

『닐스의 신기한 여행』에도 나오듯이 닐스가 살던 시대에 글리밍에후스 성은 곡식 저장소였으니 쥐들에게 그야말로 '지상낙원'이었다. 스코네 지역에는 원래 평판이 좋은 스웨덴 토박이 검정 쥐가 살았다. 그

20크로나 지폐. 앞면에는 스웨덴이 사랑한 국민작가 셀마 라겔뢰프가, 뒷면에는 『닐스의 신기한 여행』 주인공인 거위 등에 탄 닐스와 글리밍에후스 성이 그려져 있다.

런데 어느 날 독일 뤼베크에서 회색 쥐가 이주해왔는데 처음에는 별 볼일 없던 이들이 점차 세력을 확장시켜 검정 쥐를 몰아내고 스코네 지역 전역을 손에 넣었다. 딱 한 곳, 글리밍에후스 성만 빼고 말이다.

그런데 스코네 서북쪽에 있는 쿨라베리(Kullaberg)산에서 동물들의 평화로운 축제가 벌어지던 날, 그래서 쿨라베리산까지 갈 수 없는 약골들만 성에 남고 건장한 검정 쥐들은 축제에 참석하기 위해 모두 떠난 날, 동물들 사이에 그 어떤 폭력도 허용되지 않아 생쥐가 고양이에게도 마음 놓고 말을 걸 수 있는 바로 그날, 야비한 회색 쥐들이 글리밍에후스 성을 공격했다. 성에 남아 있던 검정 쥐들로부터 도움을 요청받은 기러기 대장 아카는 기지를 발휘해서, 닐스로 하여금 피리를 불어 뜨내기 회색 쥐를 몽땅 몰아내게 하였다.

이 회색 쥐들은 독일 뤼베크 출신이라고는 하나 그 조상의 어느 한 뿌리는 하멜른과 연이 닿아 있음이 분명하다. 먼 옛날 독일 하멜른에 어떤 사나이가 나타나 당시 사람들의 가장 큰 골칫거리였던 쥐 떼를 피리를 불어 몰아낸 전설이 있지 않은가? 하멜른의 그 피리가 어떤 경로로 룬드 대성당 꼭대기까지 오게 되었는지는 모르겠지만, 아카 대장의 올빼미 친구가 룬드 대성당 창틀에서 이 피리를 발견하지 못했더라면 글리밍에후스 성 꼭대기에는 지금쯤 독일 국기가 펄럭이고 있을지도 모를 일이다.

쿨라베리산
자연보호와 인공 설치물의 대결

해마다 3월 말이 되면 쿨라베리산에서는 '두루미 대무도회(stora trandansen)'라고 불리는 성대한 동물 축제가 열린다. 모든 동물들은 1년 내내 이날을 손꼽아 기다린다. 심지어 글리밍에후스 성에 살고 있던 검정 쥐들까지도 성이 공격당할 위험에 처해 있음에도 불구하고 축제에 참석하기 위해 떠났다. 모든 동물들은 이날을 아는데, 사람들은 그저 아는 사람이나 알 뿐이다.

물론 알고 있다고 해서 사람이 참석할 수는 없다. 눈부시게 문명을 발전시킨 인간들은 모든 동물들에게 가장 무서운 포식자이며 파괴자로 알려져 있기 때문이다. 『토지』의 작가 박경리는 한 인터뷰에서 "지구를 하나의 생명체로 보면 인간은 악성 바이러스"라고 말했는데, 뼈아프게 새겨들어야 할 말이다.

멀리서 본 쿨라베리산. 한국인의 눈으로 보면 야산으로 보일 뿐이다.

쿨라베리산에 오른 것은 여전히 바람이 찬 4월의 어느 날이었다. 내가 사는 말뫼에서 서해안을 따라 곧장 북쪽을 향해 자동차로 1시간 30분쯤 올라가면 멀리 바위에 둘러싸인 야산이 하나 나타난다. 해발 188미터에 불과한 산이니, 스웨덴 사람들이 지리산이나 설악산 등 우리나라의 심산유곡에 가본다면 자신들이 '산'이라 부르던 것들을 몽땅 '구릉'이나 '언덕'으로 바꿔 부르게 되지 않을까.

닐스가 동물 축제에 간 날이 3월 29일이었으니 얼추 비슷한 계절이다. 동물 축제가 벌어지는 곳이 어디일까? 우연히 길을 잃어야 동물 모임을 구경할 수 있다고 했으니, 설령 오늘이 동물 축제가 벌어지는 날이라고 해도 정상을 향해 잘 닦인 아스팔트 길을 타박타박 걸어가고 있는 나의 눈에 띠지는 않을 것이다. 사람 손이 닿아 있는 이렇게 위험한 곳에서 동물들이 축제를 벌일 리가 없다. 쿨라베리산은 개발이 엄격하게 제한된 자연보호 구역이지만 지어진 때부터 별로 달라진 게 없는 옛 성들에 비해 산등성이에 골프장도 있는 것을 보면 비교적 개발이 많이 되어 보였다.

바다와 마주하고 있는 산 밑자락 길 양쪽에는 작고 아름다운 집과 하룻밤쯤 머물러보고 싶은 아담하고 낭만적으로 보이는 호텔들이 저마다 특색 있는 모습으로 줄지어 서 있었다. 바다와 면해 있는 어촌 마을인데 정말 깔끔하고 아름다웠다. 험한 바다와 싸우며 살아가는 어촌 마을의 고단함은 도무지 찾아볼 수 없고 어찌된 일인지 생선의 비릿한 냄새도 나지 않는다. 이곳은 청어잡이로 유명한 곳인데도 말이다.

야산이긴 해도 쿨라베리산은 아주 독특한 경관을 자랑한다. 산 자체만 본다면 우리나라 산의, 병풍처럼 둘러선 빼어난 산세와 수려하고 기품 있는 위엄을 아는 내게는 그다지 장관이랄 것은 없었다. 그러나 바다 위로 불쑥 솟아 오른 가파른 절벽과 오랜 세월에 걸쳐 파도와 바람이 조각해놓은 암벽, 고대의 진기한 여러 암석들로 이루어진 암반, 바다 위에 어색하면서도 텃세부리는 모습으로 군데군데 서 있는 바위기둥 등 구석구석은 절경이었다.

특히 주변의 해변 동굴들은 그 지형적인 기이함과 아름다움으로 유명한데, 이들 동굴 속에서 수천 년 전에 살았던 고대인의 흔적이 상당히 발견되었다. 이들 중에는 '어부의 동굴', '덴마크왕 프레데릭 7세 동굴', '오스카 2세 동굴' 등 이름이 붙여진 동굴들도 있는데, 특히 오스카 2세 동굴은 1868년에 쿨라베리산을 방문한 오스카 2세가 동굴 벽에 자신의 이름을 새겨놓아 붙여진 이름이다.

또한 다양한 활엽수림과 침엽수림이 곳곳에 공존하며 절벽에 사는

쿨라베리산 기슭의 아름다운 어촌 마을. 어촌 마을의 비릿한 생선 냄새는 전혀 나지 않고 집들이 모두 예뻐서 로맨틱한 영화에 나오는 별장처럼 보였다.

식물들, 조간대에 사는 식물들, 해양 식물 등이 다채롭게 펼쳐져 있다. 스웨덴 내에서도 쿨라베리산에서만 서식하는 희귀한 식물들도 뿌리를 내리고 있었으니 1740년 무렵, 스웨덴의 위대한 식물학자 칼 폰 린네(Carl von Linné, 1707~1778)가 쿨라베리산을 둘러보고 얼마나 기뻐했겠는가! 기쁨에 들뜬 린네는 밤을 꼬박 새워가며 식물에 관한 보고서를 작성했는데 이것이 문서로 남아 있는 쿨라베리산에 관한 최초의 기록이다. 그러나 내가 갔던 때는 이른 초봄이어서 린네가 보았을 다양한 식물군은 아쉽게도 볼 수 없었다.

또한 쿨라베리산은 사람들의 발길이 잦음에도 불구하고 중요 조류 지역이기도 하다. 275종이 넘는 새들이 관찰되고 있는데 그중 90종 이상이 쿨라베리산에 둥지를 틀고 있으며 수많은 철새들이 겨울을 나거나 겨울을 나기 위해 거쳐 간다. 닐스와 동행하던 기러기 떼에게도 이곳은 쉬어가는 곳이었다. 영토는 넓은데 인구밀도가 낮아서 그런지, 스웨덴 사람들은 동물들의 서식지를 최대한 보호하며 동물들과 사이좋게 지낸다.

이렇다 할 구릉조차 없는 평지에서만 살다가 오랜만에 산이라는 곳에 올라가 탁 트인 바다를 보면 정말 시원하다. 그런데 아이러니하게도 자연보호 지역인 쿨라베리산을 더욱 유명하게 만든 것은 자연환경이 아니라 인간이 만든 거대한 설치물이다. 이것은 스웨덴에서 커다란 논란을 불러 일으켰는데, 그 설치물이 흔히 공원에서 보는 아름답고 자그마한 조각상이 아닌 탓이다. 이 논란은 대단히 흥미롭게 진행되었고 의외의 결말에 도달하지만 아직도 어정쩡한 부분이 남아 있다.

1980년, 예술이론가이자 예술가이기도 한 라스 빌크스(Lars Endel Roger Vilks, 1946~)는 쿨라베리산의 한적한 바닷가에 거대한 조각품을 하나 만들어놓았다. 처음 2년 동안은 세운 장소가 워낙 후미진 곳인 데다 내려가는 길이 험해 사람들 눈에 띄지 않았다. 그러나 차츰 그 존재가 알려지면서 논란의 대상이 되었다. 자연보호 지역에 건축물을 세우는 것은 법으로 금지되어 있기 때문에 지방의회는 이 거대한 조각품을 건축물로 규정하고 철거를 요구했다.

이에 빌크스는 강력히 항의하며 지방의회와 몇 년에 걸쳐 법정 투쟁을 벌였으나 번번이 패배했다. 논란이 계속되는 와중인 1991년에 대담하게도 빌크스는 또 하나의 거대한 설치물을 바로 옆에 세워놓았다. 먼저 세운 조각품은 라틴어로 '지나치게 많은'이라는 뜻의 '니미스

니미스와 아르크스를 찾아가는 입구가 되는 힘멜스토르프 농장.

(Nimis)', 그리고 1991년에 새로 지은 조각품은 '요새' 라는 뜻의 '아르크스(Arx)' 이다.

어느 쌀쌀한 가을날, 니미스와 아르크스를 보러 다시 쿨라베리산으로 향했다. 그곳에 가려면 먼저 힘멜스토르프 농장을 찾아가야 한다. 꽤 오랜 역사를 자랑하는 이 농장이 바닷가로 내려가는 험한 돌길의 시작점이기 때문이다. 바닷가로 내려가는 길은 생각보다 훨씬 가파르고 험했고 꽤 쌀쌀한 날씨였음에도 등에서 땀이 주르륵 흘러내렸다. 이 길을 아이들과 함께 내려갔다가 올라올 수 있을까 걱정스러운 마음이 들었으나 저 아래에서 우리 막둥이보다도 어려 보이는 꼬마 아가씨가 올라오고 있었다. 갈 만한 모양이다.

오랜만에 제대로 된 암석을 타고 내려가 만난 니미스는 상상만큼 거칠었다. 자그마치 75톤이나 되는 유목(流木)을 사용하여 얼기설기 탑처

예술가의 열정과 땀이 낳은 설치 예술품, 니미스.

니미스에 이어 만들어진 또 하나의 설치 예술품, 아르크스.

럼 세운 복잡하고 거대한 설치물인데 내부는 간신히 한 명 정도 지나갈 수 있을 만큼 좁은 통로로 연결되어 있다. 우리는 니미스 안의 좁은 통로를 지나 바닷가로 나왔다.

빌크스가 처음 망치와 못을 손에 들고 니미스를 구상했을 때 모호하긴 했지만 '이론과 실제'가 만나는 장소를 생각했다고 한다. 하지만 작품을 척 봤을 때 그런 작가의 생각을 읽어내기는 어려웠다. 이래서 현대 미술이 어렵다. 예전에는 예술작품을 감상하는 데 감각적 심미안이면 충분했는데, 현대 미술은 감각적 감상을 넘어 지적 이해까지 요구하기 때문이다. 그러니 법조문 외우고 민생을 살피느라 여념이 없는 법관이나 행정직 공무원들이 니미스에서 작가의 생각을 읽어내고 아름다움까지 발견한 다음, 이 작품을 거대하긴 하나 함부로 손댈 수 없는 예술

빌크스의 독립 국가 선언

법정다툼에 이어 빌크스는 예술 작품을 이해하지 못하는 당국의 무지몽매함과 강압적인 일련의 조처에 반발하여 특단의 조치를 취한다. 1996년 니미스와 아르크스가 있는 해안가에 '라도니아(Ladonia)'라는 국가를 세워 스웨덴으로부터 독립 국가를 선언한 것이다. 이런 나라를 '마이크로네이션(micronation)', 우리말로는 '초소형국민체'라고 한다. 이런 나라는 다른 국가나 국제기구로부터 인정은 받지 못하지만 문서상, 인터넷상, 또는 그 국가를 세운 창시자들의 머릿속에 존재한다. 영토가 있는 경우 영토에 대한 주권을 주장하고 어떤 나라는 입국하려면 비자도 발급받아야 한다. '라도니아'는 1996년 건국 당시 국민이 한 사람도 없었지만 지금은 전 세계에 걸쳐 15,000명이 넘는 사람들이 국민으로 등록되어 있다. 물론 라도니아 영토에 거주하는 국민은 한 명도 없다. 국민이 되는 것은 무료이지만 관료가 되려면 미화 12달러를 내야 한다. 라도니아의 건국으로 이 설치물들은 신생 국가의 기념비가 되었는데, 한 가지 웃지 못할 사건이 발생했다. 이 국가가 스웨덴의 부속 국가인 줄 알고 3,000여 명의 파키스탄인들이 대거 이민(?) 신청을 했다고 한다.

작품으로 여기기는 어려웠을 것이다. 항소했다가 패배한 빌크스는 벌금까지 물었다. 그는 법정 투쟁 와중에 철거를 막을 방편으로 니미스의 소유권을 다른 나라 예술가에게 넘기는 편법을 쓰기도 했다.

사회적으로 논란이 되면서 니미스를 보러 오는 관광객들은 훨씬 늘어났다. 그러나 누군가의 방화로 니미스는 3분의 2 가량이 불에 타는 수난을 겪기도 했는데, 당국은 화재에 대해 강 건너 불구경하듯 한 모양이다. 물론 이 작품에 집요한 애착을 갖고 있는 예술가 빌크스는 곧바로 더 크게, 그리고 더 튼튼하게 재건했다.

1991년 빌크스는 니미스에 관한 논란이 아직 끝나지 않은 상황에서 바로 옆에 역시 웅장한 아르크스를 짓는다. 이번에는 목재가 아니라 콘크리트와 돌로 지어 혹시 또 발생할 지 모르는 방화에 대비했다. 이때 아르크스에 사용된 콘크리트는 모두 배낭에 넣어 등에 지고 날랐다고 하는데 다른 것은 몰라도 이것은 정말 대단한 일이다. 맨손으로 내려가도 등에 땀이 날 정도로 험하고 가파른 길을, 이 암벽타기 수준의 난코스인 길을 등에 콘크리트를 가득 짊어지고 일일이 날랐다니, 정말이지 혀가 내둘러졌다. 아르크스 역시 법정다툼까지 갔고 빌크스는 이번에도 벌금형을 받았다.

니미스와 아르크스. 두 개의 거대한 설치물을 보면서 나 역시 "판타스틱!"이라고 말하지 않을 수 없었다. 니미스와 아르크스가 당국의 철거 명령에도 여전히 버티고 서 있는 걸 보면, 빌크스의 승리로 귀결된 듯싶다. 그런데 이 두 설치물을 닐스와 기러기 대장 아카가 보았다면 뭐라 했을까?

Blekinge

2장. 작지만 강한!
블레킹에

블레킹에, 3월 30일~4월 2일

다음 날 기러기들은 스코네 지역을 가로질러 블레킹에로 향했고, 불행하게도 그곳에서 스코네 지역에서 추방당한 여우 스미레를 만난다. 아름다운 론네뷔 강변에서 닐스는 밤에는 졸음을 참지 못하는 기러기들을 스미레의 공격으로부터 보호하기 위해 스미레의 사주를 받아 기러기에게 달려드는 담비와 수달을 따돌리며 악몽 같은 밤을 보낸다.

기러기들이 모두 자신의 손길이 닿을 수 없는 안전한 자리에 옮겨 앉은 것을 보고 스미레는 분노에 울부짖는다. 그날 밤 닐스는 스미레와 기러기 대장 아카의 대화를 듣고는 잠을 이루지 못했다.

"이봐, 아카. 항상 날 방해하는 저 꼬마 녀석을 넘겨주면 다시는 너희를 공격하지 않겠다고 약속하지."

"그럴 수는 없어. 가장 어린 기러기부터 가장 나이 많은 기러기까지 설령 목숨을 바치는 한이 있더라도 아무도 닐스를 내어주려고 하지 않을 거야."

닐스는 누군가가 자신을 위해 기꺼이 목숨까지 희생하겠다는 그런 어마어마한 소리를 듣게 되리라고는 상상도 한 적이 없었다.

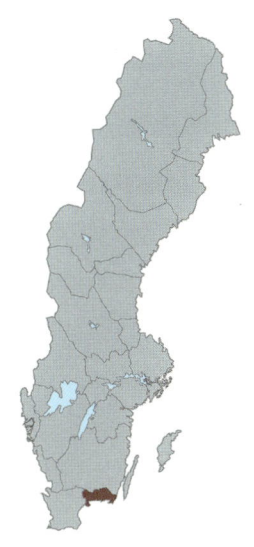

아름다우면서도 야성이 깃든 두루미들의 신비로운 춤을 끝으로 동물 대축제는 내년을 기약하며 막을 내렸다. 축제를 마치고 닐스와 기러기들은 북쪽으로 떠나려다가 북쪽 스몰란드 지역은 아직 얼음이 남아 있다는 소식을 듣고 스코네를 가로질러 동쪽 블레킹에 쪽으로 방향을 틀었다. 블레킹에는 스웨덴 내륙 지방의 가장 작은 행정구역으로, 지도에서 보면 스몰란드 지역 한 귀퉁이처럼 보이지만 수백 년 동안 발트해를 호령하던 스웨덴 해군 기지가 주둔해 있던, 막강한 위세를 자랑했던 지역이다.

쿨라베리산 동물 대축제에서 기러기를 물어 죽인 대가로 스코네 지역에서 추방당한 교활한 여우 스미레가 우연히 닐스와 기러기들을 다시 만나는 기적 같은 불행한 일이 일어난 곳이 블레킹에에 있는 도시인 론네뷔(Ronneby)다. 그리고 스미레와 기러기들이 쫓고 쫓기며 악몽 같은 밤을 지새웠던 곳은 2005년에 스웨덴에서 가장 아름다운 공원으로 선정된 브룬공원(Brunnsparken)이었다.

론네뷔
잔인한 전쟁의 역사를 지닌 아름다운 공원 도시

화창한 초여름, 스웨덴 국경일인 6월 6일에 방문한 자그마한 도시 론네뷔는 눈부시게 아름다웠다. 강이라 부르기엔 너무 좁고 개울이라 부르기엔 조금 넓은, 남북으로 길게 뻗은 물길이 론네뷔 시를 반으로 나누고 있다. 6월 6일이 국경일이 된 이유는 스웨덴 건국의 왕이라 불리는 구스타브 바사(Gustav I Vasa, 1496~1560) 왕이 1523년 6월 6일에 스웨덴 왕으로 정식 선출된 날을 기념하기 위해서인데, 이날 이후로 스톡홀름은 외세에 점령당한 적이 단 한 번도 없다.

시가지 가장자리에 자동차를 주차해놓고 아이들과 함께 우르르 내려서 천천히 도심을 향해 걸었다. 나무 그늘 아래 한가하게 벤치에 앉아 계신 할머니 할아버지들과 롤러 스케이트를 들고 재잘대며 걸어가는 서너 명의 아이들이 눈에 들어왔다. 대부분의 상점들이 문을 닫아 거리는 한산하기 이를 데 없었는데, 문을 연 몇몇 레스토랑과 아이스크림 가게 앞에서는 땡볕을 즐기는 스웨덴 사람들이 맥주를 마시거나 산더미처럼 커다란 아이스크림을 앞에 두고 희희낙락하고 있었다. 어느 곳에 카메라를 들이대도 평화롭고 나른한 휴일 풍경이 찍힐 것이었다.

그러나 우리는 이 아름답고 평화로운 도시와는 전혀 어울리지 않는

론네뷔 강. 그 옛날 잔인한 전쟁 중에는 강물이 핏빛으로 흘렀다는데, 그 흔적은 찾을 수 없고 지금은 도도한 아름다움을 자랑하며 한없이 평화롭게 흐르고 있다.

잔인한 살육의 현장을 찾아가고 있었다. 북유럽 7년 전쟁(1563~1570) 와중이었던 1564년, 론네뷔에서 벌어진 끔찍한 전쟁 이야기는 아이스크림을 사달라고 조르던 아이들을 경직시켰다.

   살육의 현장은 론네뷔 광장 북쪽 전망 좋은 곳에 자리잡고 있는 성십자 교회였다. 지금이야 스웨덴과 덴마크가 서로의 땅 위에 유럽에서 가장 길다는 다리까지 걸쳐 놓으며 이웃 나라로서의 돈독한 우정을 과시하고 있지만, 양국의 역사가 얽힌 책을 들춰보면 책장에서 피비린내가 진동할 만큼 잔인한 전쟁을 많이 벌여왔다. 론네뷔에서의 전투 역시 스웨덴과 덴마크 사이에 벌어진 전쟁이었다.

   16세기 중반에 론네뷔는 덴마크 땅이었는데, 덴마크가 전황이 불리해지자 주민들은 싸움을 피해 성십자 교회에 숨어들었다. 당시 사람들에게 있어 교회는 고난과 전쟁의 도피처로서 신성불가침의 장소였기 때문이었다. 그러나 전쟁통의 살기등등한 병사들에게 이런 성스러운

스웨덴 건국의 아버지, 구스타브 바사

스웨덴에서 '바사'란 이름은 정말 흔하게 만나게 된다. 사람들은 바사공원을 산책하고, 바사경주에 참여하며 바사교회에 다닌다. 그리고 바사거리를 걸어 바사학교에 가서 공부한다. 또한 스톡홀름에 온 관광객이라면 반드시 바사박물관에 가서 〈바사호〉를 구경한다(본문 9장 참조). 이 바사란 이름은 스웨덴에서 가장 걸출하고 유명한 왕조의 이름에서 나왔다. 우리나라에도 성군 세종대왕을 기리는 세종로, 세종문화회관, 세종기지 등이 있는 것과 마찬가지다.

그렇다면 바사 왕은 누구인가? 14세기 후반 스웨덴, 덴마크, 노르웨이 3국은 덴마크의 마르그레테 여왕의 주도 하에 칼마르 동맹을 체결하였다. 이후 100년 내내 귀족들의 권력다툼과 농민 반란 등으로 시국이 대단히 어수선했는데, 칼마르 동맹국들 중 권력을 잡은 덴마크의 왕 크리스티안 2세가 스톡홀름을 점령한 뒤 스웨덴 왕실의 씨를 말리는 숙청 작업을 단행했다. 정확히 92명의 왕실 친인척과 귀족들이 죽음을 당했는데 이를 '스톡홀름 대학살'이라 부른다. 이를 피해 간신히 살아남아 스웨덴의 독립을 주도한 귀족 청년이 있었으니, 그가 바로 훗날 구스타브 바사 왕이라 불리는 구스타브 에릭손이었다.

숙청을 피해 달아나 달라르나 지방에 도착한 그는 그 지방 남자들을 설득하여 반란을 일으키려 했다. 그러나 설득에 실패하고 노르웨이 국경을 넘어 독일로 건너가려고 눈길을 나섰다. 그로부터 며칠 뒤, 스톡홀름에서 발생한 끔찍한 대학살 소식을 전해들은 달라르나 남자들은 사태의 심각성을 깨달았다. 이에 바로 그 청년을 찾아 길을 떠났다. 그들은 모두 스키를 타고 있었고, 청년은 털장화를 신고 있었는데 이 신발의 차이가 역사를 바꾸었다. 그들은 노르웨이 국경에 있는 셀렌이라는 마을에서 그를 따라잡았는데, 만약 그 청년이 스키를 탔거나 조금만 더 속도를 냈더라면, 또는 달라르나 남자들이 하루만 더 늦게 길을 나섰더라면, 아마도 그는 역사의 뒤편으로 영영 사라졌을 것이다. 이날을 기념하기 위해 오늘날, 매년 3월 첫째 주 일요일에 모라와 셀렌을 잇는 세계에서 가장 큰 스키대회 중 하나인 '바사로페트(Vasaloppet)'가 열린다.

구스타브 바사는 1523년 6월 6일, 27살의 나이로 스웨덴 왕이 되어 스톡홀름에 입성한다. 그날 이후 어떤 외국 군대도 스톡홀름을 점령한 적이 없다. 바사가 왕위에 오르면서 스웨덴은 최초로 중앙집권적 통일국가가 되었다. 혼란한 정국을 평정한 예의 모든 혁명적인 왕이 그렇듯이, 구스타브 바사도 강력한 중앙집권제를 실시하고 왕권을 강화시켰다.

그가 이런 막강한 권력을 휘두르게 된 배경에는 종교개혁이 있었다. 즉, 국교를 루터교로 바꿔 교회 재산을 몰수하고 자신을 신격화한 것이다. "모든 권력은 신으로부터 나온다!" 그는 자신을 신이 덴마크의 지배로부터 스웨덴을 구하라고 하늘에서 내려 보낸 구세주라고 칭했고, 어떤 때는 이집트로부터 이스라엘 민족을 탈출시킨 모세, 또 어떤 때는 돌멩이 한 개로 골리앗을 쓰러뜨린 다윗이라고 했다. 그의 일거수일투족은 모두 신의 권위로부터 나왔고 그의 손에 들어간 온갖 보물과 영지는 신이 그에게 내린 선물로 간주되었다. 신의 은총을 죽을 때까지 받았던 그는 죽기 직전 5,000개가 넘는 농장을 지닌 스웨덴 최고의 부자였으니, 역사가들은 바사 역시 자신이 응징한 덴마크의 크리스티안 2세 못지않은 탐욕스러운 폭군이라 주장한다.

그럼에도 불구하고 바사는 오랫동안 자상한 아버지의 이미지로 모든 스웨덴인들에게 추앙을 받았고 그의 탄생과 영웅적인 행적은 신화까지 덧칠해져 더할 나위 없이 미화되었다. 그런데 1950년대 들어서면서 바사 왕에 대해 전혀 다른 시각의 비판적인 연구가 시작되었다. 그는 포악하고 탐욕적이며 전혀 신뢰할 수 없는 인물로 평가되었다. 그의 재위 기간에 일어난 여러 차례의 농민 폭동과 그 진압 과정 그리고 사후 그가 남긴 개인 재산 등을 보면 그가 어떠했는지 쉽게 짐작할 수 있다고 역사가들은 역설한다. 이에 더해 그가 왕으로서, 그리고 아버지로서 저지른 가장 나쁜 일은 스웨덴 영토를 자신의 사유 재산인 양 세 아들에게 분할 상속하는 바람에 권력을 향한 형제들 사이의 욕망이 살인으로까지 이어지는 다툼과 내전을 불러왔다는 것이다. 세상에서 가장 무서운 일 중 하나가, 불완전한 인간이 절대권력을 갖는 일임을 다시 한 번 깨닫는다.

규범이 통할 리 없었다. 스웨덴 병사들은 교회 문을 부수고 쳐들어가 남녀노소를 불문하고, 한 사람도 남김없이 다 죽였다고 한다. 그래서 닐스와 기러기들이 이 아름다운 도시에서 즐거운 시간을 보내지 못하고 스미레와 쫓고 쫓기는 악몽 같은 시간을 보냈는지 모른다.

당시 스웨덴 왕이었던 에리크 14세(Eric XIV, 1533~1577)가 승전의 희열에 들떠서 쓴 편지를 보면 그 전쟁이 얼마나 끔찍했는지 알 수 있다.

"강물이 핏물에 물들어 붉게 보일 만큼 엄청난 살상이었다. (중략) 우리는 마치 야생 돼지들처럼 적들을 쓰러뜨렸어. 마을에서는 여자랑 어린이들을 빼고 무기를 들 수 있는 남자들은 모조리 죽였지. 그런데 나중에 온 핀란드 녀석들이 마을에 남은 여자랑 어린이들마저 모두 죽여버렸어."

이 편지만 보면 에리크 14세는 살상을 즐기는 폭군 같지만 사실 그는 스웨덴 역사상 가장 불행한 삶을 산 가련한 왕이었다. 그는 '건국의 아버지'라 불리는 바사 왕의 큰아들로 태어났다. 바사 왕은 혼란한 정국을 평정하고 최초로 국가의 기강을 바로 세운 모든 혁명적인 왕들이 그렇듯, 대단한 카리스마의 소유자인데다 정치에 관한 한 천재적인 수완을 발휘했다. 그러나 그런 아버지와 달리 에리크 14세는 예술적 재능이 뛰어나고 섬세한 감각을 지닌 여린 마음의 소유자였다. 그런 그가 아버지의 기대에 걸맞게 강력한 군주가 되어야 한다는 강박관념으로 주변국으로까지 공격적으로 세력을 뻗쳐 주변 국가들을 긴장시켰으니 그는 재위 기간 내내 전쟁을 치러야 했다.

12세기에 지어졌다는 사실이 믿기지 않을 만큼 깔끔하게 보존되어 있는 성십자 교회. 그러나 무고한 살상이 가차 없이 일어났던 역사를 간직한 곳이기도 하다.

적성에 맞지 않는 불편하고 잔인한 짓을 해왔던 탓이었는지 그는 정신착란 증세를 일으켜 한밤중에 거리를 떠돌아다녔다. 또한 자신을 모함했다는 누명을 씌워 몇몇 귀족들을 감옥에 집어넣더니 어느 날 밤 이들을 갑자기 끌어내어 몸소 칼을 휘둘러 처형해버렸다. 그 와중에 자신의 아이들의 보모인 평민 출신의 카린과 사랑에 빠져 그녀를 왕비로 삼았다. 에리크 14세의 이런 행태는 왕좌를 호시탐탐 노리던 동생 요한 3세(Johan III, 1537~1592)에게 더 없이 좋은 명분을 제공했고, 결국 그는 동생에게 왕좌를 빼앗겼다.

감옥에 갇힌 에리크 14세는 외부세계와 완전히 단절된 채 여생을 몽상 속에서 살았다고 한다. 그에게는 펜도 종이도 주어지지 않아 나무 조각 따위에 검댕을 묻힌 뒤 그에게 허용된 몇 권의 책 여백에 그림을 그리고 글을 썼다. 그의 감옥에서 발견된 책의 여백에 왕관을 쓴 여인을 그린 그림이 있었는데 필시 자신이 사랑했던 여인 카린일 것이다. 결국 그는 감옥에서 죽음을 맞이했는데, 역사가들은 요한 3세의 지시로 독을 넣은 콩 수프를 먹고 독살당했을 것이라고 한다. 이 괴담(?) 때문에 오늘날까지도 스웨덴 왕실에서는 콩 수프를 먹지 않는다.

도심 가운데 높은 곳에 위치한 성십자 교회는 12세기에 지어진 건물로는 전혀 보이지 않을 만큼 깔끔해 보였다. 교회 문은 열려 있어 누구나 쑥 들어가볼 수 있었는데 내부가 너무 음침했고 아무리 수백 년 전 일이라고는 하나 살생의 아귀다툼 소리가 들리는 듯했다. 교회 안에는 스웨덴 병사들이 낸 도끼 자국이 여전히 남아 있는 문도 있다는데, 그 자국을 더듬더듬 찾으며 오래 머물기는 싫었다. 게다가 우리 가족 이외에는 주변에 아무도 없어서 우리가 모두 들어간 뒤 밖에서 문이 덜컹 닫

평화롭고 아름다운 브룬공원에서는 골동품 자동차들이 전시 중이었다.

히기라도 하면 어쩌나 하는 생각이 들 정도로 으스스한 분위기였다.

교회에서 나와 다시 시내로 들어갔다. 아직도 혈흔이 남아 있을 것 같은 어두컴컴한 교회 안과 나른하고 평화로운 휴일을 즐기는 밝은 시내는 정말이지 흔히 얘기하는 지옥과 천국만큼이나 강렬한 대비를 이루었다. 교회가 지옥에 비교된다니 아이러니하지만 말이다.

"이제 브룬공원에 가서 산책이나 하지?"

오랜만에 남편이 입을 열었다. 평소 말이 없는 남편이 오랜만에 하는 제안이니 따르기로 했다. 그렇지 않아도 가려던 공원이었지만!

아이들은 공원 내 축구장을 보자 달려가 공을 차기 시작했고 남편은 아이들을 따라갔다. 나는 혼자 한들거리며 공원을 여기저기 돌아다녔다. 과연 스웨덴에서 가장 아름다운 공원으로 선정될 만했다. 공원 서

어둡지만 아름다운 성십자 교회 내부. 비록 수백 년 전의 일이었다고는 하나 살생의 아귀다툼이 들리는 듯하다. 어딘가에는 채 씻기지 않은 핏자국도 분명 남아 있으리라!

쪽의 울창한 숲에는 트레일 코스가 있어 트레일 스틱을 양손에 들고 입을 앙다문 채 전투적인 자세로 걷는 사람들이 가끔 눈에 띄었다. 드넓은 공원 잔디밭 한 켠에는 1930, 1940년대 할리우드 영화에서 뛰쳐나온 듯한 멋진 골동품 자동차들이 전시되어 있었고, 야외 공연장에서는 흰색 유니폼을 갖춰 입은 청소년들이 성가를 부르고 있었다. 사람들은 '그늘을 피해' 여기저기 돗자리를 펴고 널브러져 있었다. 우리나라 사람들 같으면 '햇빛을 피해' 돗자리를 펴련만! 스웨덴은 사람들이 비타민D를 따로 챙겨먹어야 할 만큼 일조량이 부족해서 햇볕이 나는 날이면 바람이 쌀쌀해도 비키니 차림으로 잔디밭에 엎드려 있는 사람들을 흔히 볼 수 있다.

또 한 가지, 어느 지역이든 상관없이 화창한 날씨의 스웨덴 공원에서라면 절대 빠지지 않는 것이 있다. 바로 소시지 굽는 냄새! 아니나 다를까, 어디선가 소시지 굽는 냄새가 코를 찔렀다. 소시지 굽는 냄새까지 보태졌으니 화창한 휴일 날이면 연출되는 스웨덴의 완벽한 공원 풍경이 완성되었다. 이따가 반드시 구운 소시지빵을 사먹으리라 다짐하면서 냄새의 진원지로부터 가급적 멀리 떨어져 걸어 다녔다.

브룬공원은 다양한 운동 시설을 갖추고, 다채로운 야외 행사가 행해지는 관리가 잘 된 아름다운 공원이지만, 닐스와 기러기 떼가 방문했을 때는 해마다 3,000명 가량의 방문객이 찾는 유명한 온천 휴양지였다. 1705년 이 공원에서 다량의 미네랄이 함유된 온천수가 발견되었기 때문이다. 처음 온천휴양도시라는 말을 들었을 때 우리나라 온천같이 뜨끈한 목욕물이 펑펑 솟아나는 곳이 아닐까 생각했다. 그래서 기왕이면 온천호텔에서 하루 묵어보고 싶은 소망까지 가졌으나 바로 고개를 저었다. 스웨덴은 화산 지형이 아닐 뿐더러 브룬공원은 더 이상 온천휴양지로 유명하지 않다.

지금은 조그만 펌프에서 졸졸 흘러 나오는 온천수가 전부라는데, 내가 맛을 볼까 했더니 비릿한 쇳내가 진동할 것이라며 공원 안내소 직원들이 모두 얼굴을 찌푸렸다. 예전에 이 물은 치유력이 있어 환자들에게 공급되었고 병에 담아 팔기도 했다고 하나 직원들의 얼굴 표정을 봐서는 전혀 마셔볼 기분이 나지 않았다.

소시지 굽는 냄새 반대쪽으로 걸었더니 개울이라고 우기면 개울이 될 만한 크기의 론네뷔 강이 나왔다. 그 옛날에는 붉은 핏물이 흘렀을 이 강도 지금은 그저 푸르게 아름다울 뿐.

칼스크로나
세계문화유산으로 등극한 스웨덴의 해군 기지

칼스크로나(Karlskrona)는 론네뷔에서 자동차로 20분 거리에 있는데, 우리도 닐스처럼 저녁 때 도착했다. 닐스는 4월에 왔으니 달이 휘영청 밝을 때였겠지만 우리는 6월에 왔으니 백야 때문에 해가 중천에 떠 있었다. 론네뷔에서 소시지빵을 하나씩 먹었으나 여전히 아이들은 배가 고프다고 했고 아이스크림도 사달라고 졸라댔다. 저녁은 집에서 가져온 도시락을 먹었다. 원래 점심으로 싸온 도시락이었으나 간식으로 싸온 샌드위치와 과일로 점심이 해결되었기 때문이다.

칼스크로나 시내에 있는 조그만 공원에 돗자리를 펴고 앉았다. 밖에

칼스크로나 대광장의 프레드릭 교회와 칼 11세 동상. 닐스와 기러기 떼가 내려 앉아 밤을 보낸 곳이 현재 세계문화유산으로 등재된 프레드릭 교회 지붕이다.

나와 먹는 도시락은 뭘 먹어도 맛있다. 날벌레들과 싸워가며 저녁을 먹고 여전히 해가 지지 않아 환한 칼스크로나 시내를 돌아다녔다.

칼스크로나에서 닐스와 아카의 무리가 내려 앉은 곳은 대광장 동쪽, 1744년부터 서 있는 프레드릭 교회(Fredrikskyrkan)의 탑 위였다. 닐스가 모르텐의 등에 앉아 하늘을 날고 있었을 땐 항구에 정박해 있는 멋진 전함들을 볼 수 있었는데 교회탑에 내려 앉으니 배 한 척 보이지 않았다. 닐스는 잠을 잘까 했지만 항구의 배들이 보고 싶어 도저히 내일 아침까지 참을 수가 없었다. 전함 승무원이었던 할아버지는 닐스에게 칼스크로나의 거대한 항구와 어마어마한 전함들에 대해 귀가 닳도록 설명해 주었었다. 이제 닐스는 말로만 듣고 상상했던 항구와 전함을 직접 볼 수 있게 된 것이다. 그는 교회의 빗물 홈통을 타고 재빠르게 광장 바닥으로 내려왔다.

17세기 초, 구스타브 2세 아돌프 대왕은 유럽 30년 전쟁에 참전하여 눈부신 전술 전략으로 승승장구하며 변방의 스웨덴을 일약 유럽 강국의 반열에 올려놓았다. 그 여세를 몰아 스웨덴이 유럽의 강국으로 떵떵거리던 17세기 말, 당시 왕이었던 칼 11세(Karl XI, 1655~1697)는 주변국과의 이해 관계가 첨예하게 얽힌 발트해의 패권을 장악하기 위해 칼스크로나에 거대한 해군 기지를 세웠다. 이에 더해 당시 내로라하는 건축가들을 총동원해 칼스크로나 도시 전체를 드넓은 광장과 함께 웅장한 계획도시로 만들었는데, 이는 유럽 열강에 진입한 스웨덴의 위상을 더욱 드높이기 위해서였다.

당시로서는 상당히 획기적이었던 이러한 도시계획 사업은 21세기에도 제대로 빛을 발했다. 그때 세워진 요새, 해군기지창, 항구 등 해군 기지에 귀속된 모든 주변 시설들과 지금 닐스가 서 있는 광장과 주변의 옛 도시 흔적들, 당시 세워진 건물들이 모두 세계문화유산으로 등록되었기 때문이다. 지금 기러기들이 내려 앉아 잠을 자고 있는 프레드릭 교회도 세계문화유산 목록에 올라 있다.

달빛 속 넓은 대광장 한가운데 청동상 하나가 높은 받침대 위에 서 있었다. 닐스는 청동상을 한참 바라보았다. 이 청동상의 주인공이 누구일까? 달빛 속에서 본 청동상은 커다란 매부리코에 못생긴 입술을 가지고 있었다. 손에는 금방이라도 휘두를 것처럼 보이는 기다란 막대기를 잡고 있었는데, 그 모든 모습이 닐스의 눈에는 꽤나 엄격해 보였다.

"못생긴 입술을 하고 있는 저놈이 여기랑 무슨 상관이 있지?"

닐스가 한국에서 공부한 학생이었다면 아마 알았을 것이다. 시험을 보려면 우리는 역사책을 암기해야 하니 말이다. 하지만 암기식 공부를 하지 않는 이곳 스웨덴 학생들은 도무지 외우고 있는 것이 없다. 그래도 자기 나라 역사에 대한 자부심이 대단한 걸 보면 역사의식을 갖게 하는 교육은 따로 받는 걸까. 나는 한국에서 공부했던 습관대로 이 청동상의 주인공이 칼스크로나를 해군 도시로 만든 칼 11세라는 사실을 책을 읽으면서 굳이 암기해두었었다.

닐스는 몸을 돌려 바다 쪽으로 걸었다. 그런데 잠시 후 뒤에서 쿵쾅거리는 소리를 들었다. 바로 그 청동상이 닐스를 쫓아오고 있었다. 혼비백산한 닐스는 정신없이 도망가면서 숨을 곳을 찾았는데, 나무로 지어진 낡은 교회 하나를 발견했다. 닐스는 생각할 겨를도 없이 교회로 달려들어가며 이렇게 생각했다. '교회 안으로 들어가기만 하면, 모든 악한 것들로부터 보호받을 수 있을 거야.'

아미랄리테츠 교회로 들어서는 골목에 있는 닐스의 동상. 뒤쫓아 오는 칼 11세의 청동상이 얼마나 무서웠는지 닐스는 심지어 책에서 튀어나와 달려가고 있다.

　스웨덴 소년 닐스는 역시 역사 지식이 부족하다. 방금 떠난 론네뷔의 성십자 교회에서 일어난 무차별 살상을 알았더라면 교회에 절대 들어가지 않았을 텐데 말이다. 나무로 만들어진 이 교회는 1685년에 봉헌식을 한 아미랄리테츠 교회인데, 역시 세계문화유산이다. 약 4,000명을 수용할 수 있는 규모라는데 겉보기에는 그리 커 보이지 않았다.
　"여기 닐스가 있다!"
　막둥이가 소리쳤다. 아미랄리테츠 교회가 있는 골목 입구에 청동으로 된 자그마한 닐스의 동상이 있었다. 책에서 막 튀어 나와 달려가는 몹시 생동감 있는 모습이었다.
　닐스는 교회로 달려 들어가려다 교회 앞에 어떤 사람이 서 있는 것을 보았다. 반가운 마음에 도움을 요청하려고 그 남자에게 달려갔으나 세

칼 11세의 청동상에 쫓긴 닐스가 숨으려고 달려갔던 아미랄리테츠 교회. 1685년 건축된, 스웨덴에서 가장 커다란 목조 교회로 유네스코 세계문화유산이기도 하다. 목조 건물임에도 여전히 견고하게 버틸 수 있는 이유는 팔룬 구리 광산의 붉은 페인트 덕분이다. 이에 대한 설명은 '팔룬의 구리 광산' 편 참조.

상에! 그는 실물 크기의 목각상이었다. '아, 목각상이구나. 이 남자는 나를 도와줄 수 없어.'라고 생각하는 순간, 목각상 남자는 자신이 쓰고 있는 모자 속에 닐스를 들어 집어 넣었다.

  목각상의 모자 속에서 닐스는 청동상의 우렁찬 목소리를 들었다.

"너는 누구냐?"

목각상은 팔을 들어올리고 대답했다.

"로젠봄이라 하옵니다."

  이 로젠봄에게는 몇 가지 슬픈 전설이 따라다닌다. 전설들의 공통점은 전함의 승무원이었던 로젠봄이 말라리아에 걸려 강제 퇴역을 당한 후에 사람들의 냉대를 받고 거지가 되어 구걸하며 살았는데 1717년 새해가 시작되기 바로 전날, 아미랄리테츠 교회 옆에서 얼어 죽은 채 발견

지금도 빈민 구제용 모금통 역할을 하는 로젠봄(왼쪽). 오른쪽은 교회 안에 있는 진품이다.

되었다는 것이다. 그 후 로젠봄은 자신이 얼어 죽은 그 자리에 목각상으로 조각되어 지금까지 빈민 구제용 모금통 역할을 하고 있었다. 목각상이 들고 있는 현판에는 다음과 같은 말이 적혀 있었다.

내 목소리가 비록 힘은 없지만 간절히 애원합니다.
와서 내 모자를 벗기고 돈을 좀 넣어주세요.
가난한 자들을 보살피는 자에게 하느님께서 복을 주십니다.

우리는 모두 목각상의 모자를 벗기고 동전 한 닢씩을 넣어주었다. 그러나 실제 닐스가 만난 진품 목각상은 1956년에 보호를 위해 교회 안으로 들여보내졌고, 현재 밖에 나와 있는 목각상은 모조품이다. 물론 우리는 교회 안에 있는 진품도 보았다.

청동상은 목각상에게 닐스를 찾는 일을 돕도록 명령했고, 목각상은 감히 청동상의 명령을 거역할 수 없어 청동상과 함께 닐스를 찾아 항구를 향해 걷기 시작했다. 항구로 들어가는 커다란 문에 다다랐을 때 청동상은 옆에 서 있는 보초는 아랑곳하지도 않고 힘껏 문을 열어 젖혔다. 그들은 모형전시관부터 가보기로 했다. 닐스가 숨어들기 적당한 장소라고 생각했기 때문이다.

전시관에는 스웨덴 해군을 위해 건조되었던 멋진 군함들의 모형들이 가득했다. 전함 승무원이었던 목각상은 청동상에게 여러 가지 군함들에 대해 설명을 하기 시작했는데, 이를 듣던 청동상은 너무 즐거운 나머지 닐스를 찾으러 왔다는 사실도 잊어버렸다. 모자 속에 숨어 있던 닐스도 덩달아서 이 전함들을 만들기 위해 사람들이 어떻게 일하고 싸웠는지 들을 수 있었는데, 닐스는 너무나 감동한 나머지 자신도 모르게 눈물을 흘렸다. 그리고 닐스는 갑자기 소리쳤다.

"못생긴 입술, 만세!"

닐스는 너무 크게 소리를 지르다가 그만 잠에서 깨어났다. 그는 여전히 기러기들과 함께 교회 탑 위에 있었다.

닐스가 만세를 부른 칼 11세는 내가 좋아하는 몇 안 되는 스웨덴 왕들 중 한 명이다. 다섯 살에 왕위에 오른 그는 온 세상의 석학들에게 최고의 교육을 받았다. 교육이 성공적이었다면 스웨덴뿐만 아니라 전 세계에서 가장 지적인 왕이 되었을 것이다. 그러나 그는 독서 장애를 앓고 있는 게 아닌가 싶을 만큼 책을 싫어했다. 이따금 주교나 의회의 의원들은 이 놀러만 다니는 소년 왕의 머릿속에 뭐가 들었나 테스트해보곤 했는데 그럴 때마다 상당히 심각한 얼굴로 자리에서 일어섰다고 한다.

당시 이탈리아 외교관 마갈로티의 평에 따르면 어린 왕 칼 11세는 "무엇인가에 당황한 듯 보이고 얼굴은 두려움에 차 있으며 어떤 사람과도 눈을 똑바로 마주하지 못할 것처럼 보였다. 걸음걸이 역시 마치 유리 위를 걷는 것 같았다."고 한다. 후세의 사가들은 마갈로티의 말을 인용하며 실제로 칼 11세를 다소 무시하는 듯한 태도를 취했었다.

그러나 칼 11세는 적국인 덴마크 공주와의 사랑을 끝까지 포기하지 않은 낭만적인 남자였고 평생 아내만을 사랑한 가정적인 남편이었다. 덴마크와의 치열한 전쟁 중에 어떤 외진 장원에서 초대 손님도 별로 없이 덴마크 공주를 데려다가 명색이 왕인 자신의 결혼식을 조촐하게 치를 만큼 소박했으며, 첫날 밤 2시간 만에 신부를 방안에 홀로 남겨둔 채 일터로 떠난 책임감 강한 사람이었다.

그는 평생 수줍음을 많이 타고 무뚝뚝했으며 쉽게 친해지기 어려운 사람이었다고 한다. 기발한 아이디어를 내거나 특별히 총명하지도 않았고 드러내놓고 기쁨이나 사랑을 표현하는 사람도 아니었다. 하지만 그는 건전하고 실제적이며 냉철한 이성을 지녔다. 그는 자신이 행한 일에 대해 팡파르를 울리거나 북을 치는 일조차 허용하지 않았다. 번지르르한 연설, 화려한 의식을 좋아하지 않았고 아첨하는 사람, 근거 없이 남의 험담을 늘어놓는 사람들을 경멸했다. 그는 왕으로서 자신이 해야 할 일과 어떤 태도를 지녀야 하는지 정확히 알고 있었던 것이다.

그는 항상 스웨덴 교외를 돌아다니며 요새를 두루 살피느라 바빴다. 국고는 비어 있는데 많은 토지를 소유하여 부를 누리는 고위 귀족으로부터 옛 왕실의 땅을 환수해서 국가 재정을 튼튼히 함으로써 가장 강력한 전제군주란 평판을 얻었지만, 몇 차례 극심한 흉작과 혹독한 겨울 추위로 거리에 몰려나온 수천 명의 거지들에게는 국고를 헐어 거처할 곳과 음식을 마련해주었다.

칼스크로나 대광장 중앙에 서 있는, 칠이 벗겨져 남루해진 칼 11세 동상. 그의 소박한 성품으로 보아 남루한 자신의 모습에 크게 괘념치 않을 테지만, 그가 건설한 칼스크로나 해군 기지는 귀중한 세계문화유산으로 후손들에게 남았다.

그는 정말이지 나랏돈을 제대로 사용할 줄 아는 훌륭한 왕이었다. 바사 왕 이래 처음으로 왕실의 수입이 지출보다 많아졌으나 그의 개인 재산은 하나도 늘지 않았다. 그는 변함없이 소박한 옷차림으로 소박한 식사를 하며 지냈다. 그러나 4명의 아들을 어린 나이에 잃고 사랑하는 아내마저 먼저 떠나보냈으니 개인적으로는 몹시 불행했다. 게다가 위암으로 극심한 고통을 받은 끝에 41살의 젊은 나이로 세상을 떠났다.

하지만 끝까지 왕으로서 바람직한 모습을 보여주었으니 닐스가 목청껏 만세를 부를 만하지 않은가! 그의 초상화는 500크로나짜리 지폐에서 볼 수 있다.

Öland & Gotland

3장. 역사의 나이테가 그대로

발트해의 두 섬, 욀란드와 고틀란드

욀란드와 고틀란드, 4월 3일~4월 11일

여우 스미레를 따돌리기 위해 닐스와 기러기들은 발트해의 두 섬을 경유하기로 결정한다. 욀란드 섬으로 날아가다가 그들은 새들을 향해 마구 총질을 하는 사냥꾼을 만난다. 닐스는 깜짝 놀랐다. 어떻게 아카와 이크시, 그리고 모르텐 같은 새들에게 총을 쏠 수가 있을까?

그들이 욀란드를 떠나 날아간 곳은 욀란드 동북쪽에 있는 고틀란드 섬이다. 고요하고 맑은 밤, 닐스는 둥근 보름달이 환하게 뜬 신비한 순간에 전설의 섬 비네타를 본다. 비네타는 눈이 휘둥그레질만큼 아름답고 화려한 섬이지만 주민들의 도가 넘는 사치와 방탕함으로 벌을 받아 바다에 가라앉고 말았는데, 비네타 주민들은 죽지도 못하고 도시도 결코 파괴되지 않는 섬이 되어 100년에 한 번 바다 위로 떠올라서 딱 1시간 동안 육지에 모습을 드러낸다.

다음 날 닐스는 기러기 카크시의 등을 타고 폐허로 변했지만 살아 있는 고틀란드의 실제 도시 비스뷔를 둘러본다. 화려하지만 빈사 상태의 도시 비네타와 폐허이지만 생명이 있는 실제 도시 비스뷔를 보며 닐스는 깊은 생각에 잠긴다.

　　　　　　　　　스웨덴 동쪽 발트해에는 커다란 섬 두 개가 있다. 욀란드와 고틀란드다. 두 곳 모두 여름 휴가철만 되면 주민의 수십 배의 관광객들이 찾을 만큼 아름답다. 게다가 두 섬 모두 세계문화유산이니 한국을 찾는 외국인이 제주도나 석굴암을 반드시 보고 싶어하듯이, 나 역시 두 섬에 꼭 가보고 싶었다.

욀란드
황량하지만 풍족한 섬

　　스코네 촌놈인 우리의 닐스도 이 두 섬에서 환상적인 체험을 한다. 원래 기러기들은 블레킹에서 내륙인 스몰란드를 지나 곧장 북쪽으로 날아가려고 했다. 그러나 여우 스미레를 따돌리기 위해 좁은 칼마르 해협을 사이에 두고 본토와 가깝게 마주보고 있는 윌란드 섬으로 돌아가는 방법을 택했다. 그런데 윌란드 섬까지 날아가는 바닷길이 너무 험했다. 기러기 대장 아카는 한 번도 이 길을 가본 적이 없었을 뿐 아니라, 짙은 안개 속에서 길을 잃게 하려는 못된 새들의 장난으로 방향을 잃고 이리저리 헤맸기 때문이다. 온갖 어려움 끝에 도착한 윌란드 섬, 그들은 섬의 남쪽 끄트머리에 있는 오텐뷔(Ottenby)에 내려 앉았다.

우리는 기러기들처럼 바다 위를 훨훨 날아가지 못하고 자동차로 윌란드에 가야 했으므로 발트해에 면한 도시 칼마르를 거쳐 1972년에 건설된 윌란드 다리를 건넜다. 오전 일찌감치 들어간 칼스크로나의 해군 박물관에서 점심까지 먹고 오후에야 나왔다. 칼스크로나에서 칼마르까지는 자동차로 1시간이 채 안 되는 거리이고, 윌란드에 예약해둔 숙소도 그리 멀지 않았으므로 살짝 여유를 부렸다.

긴 다리를 건너 윌란드 섬에 도착했다. 스웨덴에서는 자동차 도로가 정체되는 일이 정말 드문데, 윌란드 다리 위가 정체였다. 게다가 이 저녁 무렵에! 드디어 여름 휴가철이 온 것이다. 우선 숙소부터 가기로 했다. 밤이 되어도 어두워질 리는 없지만 호텔이 아니고 민박이어서 저녁을 해먹기로 했기 때문이다.

진한 소똥 냄새가 코를 찌르는 시골길을 한참 달려 민박집에 도착했다. 도착한 민박집에서도 소똥 냄새는 여전했는데, 집 주인이 젖소를 키우고 있던 탓이었다. 평범한 시골 농가의 별채였다. 우리는 방 두 개를 예약했고 욕실과 부엌은 공용으로 사용했는데, 위층에는 노부부가 묵고 있었다. 3년째 이 민박집에서 여름 휴가를 보내고 있다면서 우리에

욀란드의 민박집 착유창고. 지금도 소똥 냄새가 진동하는 듯하다.

게 여름 휴가지로 탁월한 선택을 했다며 엄지 손가락을 척, 들어올렸다. 이 모습을 보며 미소 짓던 상냥한 여주인이 내일 아침 6시에 아이들과 함께 젖소의 젖을 어떻게 짜는지 구경하라고 했다. 정말 반가운 말이었다. 아이들이 일찍 잠자리에 들어야 하는 너무나 좋은 이유를 제공해준 것이다. 욀란드의 민박집에서나 경험할 수 있는 행운 아닌가!

다음 날 아침, "젖소 보러 가자!" 한마디에 아이들은 이불을 박차고 벌떡 일어났다. 막둥이까지 눈을 비비며 신발을 주워 신었다. 현관문을 열자 확 달려드는 아침 공기의 신선함이란 이루 말할 수가 없었다. 짙푸른 하늘빛에 눈이 시려 하늘을 똑바로 올려다보기도 힘들었다. 지금도 눈을 감으면 그 상상함이 코끝에 와 닿는다. 혹시 아침식사 때 갓 짠 따뜻한 우유를 맛볼 수 있을지도 모른다.

이슬이 살풋 내려 앉은 풀을 사뿐사뿐 밟으며 우리가 묵고 있는 별채에서 조금 떨어진 커다란 컨테이너처럼 생긴 착유창고에 갔다. 아! 난 무엇을 상상했었나? 하얀 앞치마를 두른 예쁜 알프스 소녀가 다소곳이 앉아 젖을 짜는 아름다운 모습을 기대했었나 보다. 아니, 적어도 주인 아주머니는 있으리라 생각했다. 하지만 생각해보니 주인 아주머니는 우리들의 아침식사를 준비해야 하니 여기 나와 있을 시간도 없을 것이다. 열 마리는 족히 넘는 젖소들이 최신 설비에 젖통을 맡긴 채 눈을 끔벅이고 있었다. 주변 또한 소똥 냄새가 심해 오래 있기도 어려웠다.

"더러워."

실망한 아이들의 반응이었다.

"오늘은 일찍 일어났으니 더 많이 돌아다닐 수 있겠다. 빨리 아침 먹으러 가자."

아침 식사는 조촐한 뷔페였다. 갓 짜낸 신선하고 따뜻한 우유가 아니라 냉장고에 보관되어 있던 차가운 우유와 몇 종류의 빵, 오트밀 죽, 몇 종류의 치즈, 햄, 채소, 시리얼, 주스 등 일반 호텔 아침 뷔페와 비슷했는데, 비싼 숙박료를 받은 탓인지 우리와 노부부 이외의 다른 투숙객이 없어서인지 주인 아주머니가 지나치게 친절하게 시중을 들어주어 오히려 불편했다.

드디어 욀란드 여행길에 올랐다. 어젯밤 애들을 일찍 재워놓고 관광안내소에서 받아온 지도를 펼친 뒤 가야 할 곳을 꼼꼼히 체크했었다. 욀란드는 폭이 좁은, 그러나 길이는 아주 긴 섬이다. 그래서 욀란드 지도는 긴 세로다. 심지어 북쪽 지역과 남쪽 지역 지도가 각각 따로 있을 정도이다.

닐스가 욀란드의 명물인 풍차 옆에서 몰래 엿들은 어떤 농부의 이야

욀란드의 명물인 풍차. 닐스는 어디에 숨어 있을까.

기에 따르면, 욀란드 섬이 긴 데에는 특별한 이유가 있다. 먼 옛날 거친 발트해를 날고 싶어 한 커다란 나비가 있었다. 어느 날 그 나비는 큰 맘 먹고 발트해를 향해 힘껏 날아보았다. 그러나 갑자기 불어닥친 폭풍우 때문에 나비는 날개가 찢겨 바다에 떨어지고 말았다. 그 뒤 날개가 떨어져 나간 나비의 긴 몸통은 서서히 석회로 변해 두꺼운 석회암반이 되었고, 오랜 세월이 흐르면서 내륙에서 날아온 흙이 나비의 몸을 얄팍하게 덮었다. 욀란드 남부 지역 중심부에는 이렇게 표토가 얇고 황량해 보이는 특이한 형태의 초원이 드넓게 펼쳐져 있는데 이를 '알바르(Alvar)'라고 한다.

욀란드 남부 지역 중심부를 뒤덮고 있는 알바르. 표토가 얇고 황량해 보이는 특이한 형태의 초원이다.

이 알바르가 덮인 욀란드 남부 지방이 세계문화유산으로 등록되어 있는데 그 이유는 알바르라는 독특한 지형에 적응해 살았던 과거 삶의 방식이 오늘날까지 큰 변화 없이 사람들 사이에 유지되고 있기 때문이다. 여전히 가축들이 풀을 뜯어 먹으며 목초지 관리를 하고 있고, 사람들은 수백 년 된 집에서 여전히 살면서 수백 년 전부터 전해 내려오는 방식으로 농사를 짓고 젖소를 돌본다. 특히 재래 환경에서 사는 욀란드의 젖소들은 착유량도 훨씬 많다고 한다. 이렇게 욀란드는 사람들이 특이한 풍토에 어떻게 적응하고 살아남는지를 보여주는 좋은 예이다.

우리도 닐스 일행의 행로를 따라 오텐뷔에 먼저 가기로 했다. 이 길을 따라 내려 가다 보면 곳곳에서 석기시대 유물들과 세계문화유산을 만날 수 있을 것이다. 욀란드 다리를 건넌 뒤 남쪽으로 서해안을 따라 더 이상 갈 수 없는 곳까지 약 60킬로미터 정도 내려가면 오텐뷔가 나오는데 이곳은 매년 수백만 마리의 새들이 찾아오는 새들의 엘도라도라고 한다. 모든 면에서 새들에게 이보다 적합한 환경은 찾아보기 어렵다는데 이런 곳을 아카 대장이 한 번도 들르지 않았다니, 참으로 이상하다. 오텐뷔는 새들의 주요 서식지로 보호받고 있는 지역이다.

길을 따라 내려가는데, 헐벗은 듯 아닌 듯 비루한 나무 몇 그루가 군데군데 서 있는 황량한 알바르가 시야 가득 들어왔다. 정말 독특한 풍광이다. 곳곳에 둘러선 돌담은 가축들이 농지와 서로의 영역을 넘지 못하게 경계 역할을 한다. 알바르 지형이 오늘날까지 유지될 수 있었던 요인은 온화한 기후와 석회석 암반, 그리고 수천 년 전부터 조상 대대로 알바르에 돋아난 풀을 뜯어 먹고 살아온 가축들이다.

욀란드에는 '직선 모양 마을(Radby)'이라는 특이한 형태의 마을이 있

욀란드의 긴 해안선을 따라 조성되어 있는 직선 모양 마을. 중세시대의 농토 분할 방식에 따라 형성된 마을로, 욀란드의 지형상 농토를 똑같이 나누기에 이런 모양이 편했기 때문이다.

다. 중세시대부터 농토 분할 방식에 따라 형성되었는데, 욀란드가 긴 섬이라 농토를 똑같이 나누는 데 이런 모양새가 편했기 때문이다. 이러한 형태는 19세기 농지개혁법에도 영향을 받지 않고 그대로 유지되었다. 이런 직선 모양 마을들은 긴 해안선을 따라 군데군데 볼 수 있는데 우리가 내려가다가 멈춘 곳은 가장 보존이 잘 되어 있다는 릴라 프뢰(Lilla Frö)였다. 건물 안에는 사람이 여전히 살고 있었다.

　마을에 있는 어느 집 앞마당에 들어가 기웃거렸으나 아무도 나오지 않았다. 게다가 길 건너 목초지에 있으리라 기대했던 동물들도 보이지 않았다. 참으로 한산했다. 욀란드 다리에 가득 서 있던 그 많은 자동차와 사람들은 모두 어디로 갔을까? 사실 스웨덴은 어딜 가도 붐비는 곳이 없다. 잠깐 정체되었던 자동차들은 아마도 다리를 건너자마자 욀란드 섬 전체를 둘러싸고 있는 아름다운 해변으로 골고루 스며들어갔을 것이다.

왼란드가 세계문화유산으로 등록된 또 하나의 이유는 이 독특한 환경에서 희귀식물이 서식하고 있기 때문이다. 욀란드의 독특한 생태 체계에 대한 최초의 기록을 남긴 사람은 역시 식물학자인 칼 폰 린네였다. 수박 겉핥기식 여행을 하고 있는 나 같은 사람도 이 희한한 '욀란드 현상'을 보다 집중적으로 연구하는 곳이 있어야 하지 않을까, 생각했는데 아니나다를까 2008년에 린네의 이름을 딴 '스테이션 린네(Station Linné)'가 욀란드에 세워졌다. 이 연구소는 욀란드 다리 건너 바로 남쪽에 위치해 있는데, 연구뿐 아니라 욀란드 현상을 연구하려는 학자나 학생들의 모임을 주선하고 다양한 체험 프로그램을 개발하는 등 욀란드를 알리고 보존하기 위해 활발한 활동을 벌이고 있다.

"저기 긴 돌담 보이지? 돌담 아래부터 왕의 사냥터란 표시야."

섬을 싹둑 자른 듯 직선 돌담이 가로로 길게 세워져 있었다. 여기서부터가 이른바 오텐뷔 지역이다. 원래 이 지역은 16세기 초 바사 왕이 왕실에 필요한 고기, 버터, 치즈, 양털 따위를 공급하기 위해 이곳 농부들의 노동력을 마음대로 착취하여 마련한 왕실 영지였는데, 17세기 중엽 칼 10세가 돌담을 쌓게 해 왕실 사냥터를 만들었다. 왕실의 사유재산이었던 영지는 현재 국유화되었고, 개인에게 소작을 주어 관리하게 하고 있다.

왕의 사냥터를 지나 드디어 섬 남쪽 끄트머리이자 새들의 엘도라도, 오텐뷔에 도착했다. 흰 거위 모르텐이 자신의 아름다운 반려인 회색 기러기 둔핀을 처음 만난 곳도 이곳 오텐뷔였다. 닐스는 이곳에 도착하자

왕실 사냥터임을 알리는 돌담.

마자 새들이 너무 많아 자신도 모르게 탄성을 질렀다. 하지만 우리가 갔던 6월은 새들의 왕래가 별로 없는 한적한 철이었다. 우리가 여행을 다니는 때는 새들의 이동철인 봄 가을이 아니라, 주로 아이들이 방학을 하는 여름이므로 안타깝게도 철새들이 연출하는 장관은 볼 수 없었다.

  우리도 모르텐처럼 아름다운 새를 만난다면 좋으련만, 새들은 결코 사람들 가까이 오지 않는다. 어쩌면 경험으로 터득한 것인지도 모른다. 간간이 보이는 새들은 '가까이 하기엔 너무 먼' 곳을 날고 있었다. 거대한 망원경을 든 조류학자들과 들고 다니기도 힘겨워보이는 카메라 장비를 세워 놓은 사진 작가들이 몇 명 보였다. 새들의 이동철에 오텐뷔는 조류학자들과 사진작가들로 장사진을 이룬다고 한다.

  서해안을 따라 내려 왔으니 올라갈 때는 동해안을 따라가기로 했다. 동해안에는 아주 독특한 요새로 지은 성이 하나 있다. 동해안을 따라 북

욀란드 섬 알바르 벌판에 쓸쓸히 서 있는 에케토르프 성.

쪽으로 약 10킬로미터 정도 올라가다 보면 왼편 멀리 둥글고 튼튼한 돌로 지은 성곽과 에케토르프 성(Eketorpborg) 표지판이 보인다. 황량한 알바르 벌판에 서 있는 데다 성으로 들어가는 길까지 훤히 보여 굳이 안내판이 없어도 무방할 듯했다.

그런데 이곳은 도무지 요새가 있을 자리가 아니다. 사방이 뻥 뚫려 있어 적들이 동서남북 어디에서나 침입할 수 있는 곳에 요새를 세우다니. 성은 마치 무장은 단단히 했으나 뒤에서 날아오는 화살에는 속수무책일 수밖에 없는 외로운 병사처럼 보였다. 아마도 그래서 앞뒤가 없는 원형 성곽을 생각했는지 모른다. 어디서 공격을 해와도 곧바로 알아차릴 수 있게 말이다.

에케토르프 성은 200년에서 400년 사이, 발트해를 중심으로 부족들

에케토르프 성에서 중세 체험 놀이를 하고 있는 청소년들.

의 전쟁이 잦았던 철기시대에 방어와 종교적 제의를 목적으로 처음 지어진 뒤 이런 저런 용도로 간헐적으로 사용되기도 했으나 대부분의 세월은 철기시대와 중세시대의 유물을 품에 안고, 흉물스러운 모습으로 버려진 채 알바르의 황량한 벌판 위에 서 있었다. 그러다 1970년대에 이 거대한 성곽의 발굴사업이 진행되었고 현재와 같이 매년 수만 명의 관광객의 발길을 끄는 진기한 문화유산이 되었다.

둥근 성곽 안에 들어섰다. 제일 먼저 눈에 띈 것은 성곽 내 한쪽 부지에서 중세 복장을 하고 중세의 식단으로 중세의 식탁과 의자에 앉아 점심식사를 하고 있는, 단체로 체험 놀이를 하는 학생들이었다. 무엇을 먹는지 정확히 알 수는 없었지만 커다란 가마솥을 걸고 죽 같은 음식물을 끓이고 있었는데, 역시 중세시대 복장을 한 여인이 아이들에게 커다란

타임머신을 타고 중세시대로 날아가는 갖가지 즐거운 체험 놀이들.

국자로 죽을 떠주고 있었다. 해가 쨍쨍해서 꽤 더운 날씨였는데 두꺼운 털가죽 옷에 모자를 귀까지 눌러쓴 학생도 보였다.

박물관에서 옛 유물들을 돌아보고, 수백 년 전 이 황량한 땅에서 끈질긴 생명력으로 살아남았던 사람들의 집과 그 흔적들을 보았다.

"어떻게 이런 데서 사람이 살 수가 있지?"

큰 아이가 혼잣말을 했다.

"눈과 비만 맞지 않게 지붕이 있는 곳이라면 사람들은 어디서라도 살 수 있단다."

큰 아이에게 대답은 이렇게 했는데 바로 다음 순간, 나도 아이와 같은 생각을 하고 있음을 깨달았다.

"이런 황량한 곳에서 사람들이 정말 어떻게 살았을까? 아이는 또 어떻게 낳아 길렀을까?"

때때로 인간의 놀라운 생명력에 경외심을 갖게 된다.

닐스는 욀란드에서 오텐뷔 딱 한 군데만 방문했다. 동행이 기러기들이었으니 그럴 수밖에 없었을 것이다.

고틀란드와 비스뷔
신비한 중세 도시에서 피어난 스웨덴 정치의 화려한 꽃

닐스와 기러기 무리는 욀란드 북쪽 끄트머리에서 하룻밤을 보낸 뒤 뭍으로 가는 길에 올랐다. 그러나 폭풍우가 몰려와 바다로 거칠게 떠밀리게 되었다. 바이킹들의 무대답게 발트해는 그야말로 거칠기 짝이 없다. 무시무시한 폭풍우 속에서 너무 지친 나머지 '이제 모두 죽나보다' 생각하던 마지막 순간, 그들은 조그만 암초섬을 발견했다.

그들은 빠르게 암초 섬으로 날아가 그들을 환영하듯 입을 벌리고 있는 어느 동굴 속으로 들어갔다. 이 암초섬의 이름은 '릴라 카를스외(Lilla Karlsö)', 즉 '작은 카를스외' 섬이란 뜻으로 스웨덴에서 가장 큰 섬인 고틀란드 앞에 있다.

우리나라로 치면 제주도라 할 만한 고틀란드 섬에 가려면 오스카르스함(Oskarshamn)이나 뉘네스함(Nynäshamn), 두 항구 도시 중 한 곳에서 출발하는 배편이나 스톡홀름이나 예테보리(Göteborg) 같은 큰 도시에서 출발하는 비행기를 이용할 수 있는데, 우리는 배편을 이용했다. 자동차를 배에 싣고 갈 수 있어 고틀란드 내 이동이 수월하기 때문이다. 스웨덴 여행 일정을 짜면서 가장 큰 기대를 했던 곳이 고틀란드였다. 닐스가 고틀란드에서 고요하고 맑은 밤, 또 다른 세계를 보았듯 나도 다른 세계를 볼 수 있을 것 같았다. 우리의 오늘 밤도 닐스의 그날 밤처럼 맑고 고요하기를!

그럴 것 같았다. 배가 고틀란드 항구에 도착한 오후 2시, 이보다 더 쨍쨍할 수 없을 만큼 태양빛은 뜨거웠고 하늘엔 구름 한 점 보이지 않았다. 스웨덴에서 가장 시끄러운 날은 6월 초, 스웨덴 고등학교 졸업식 날이다. 우리가 고틀란드에 도착한 날이 바로 그날이었다. 화려하게 장식한 커다란 트럭 위에서(그날 탱크도 봤다) 짙고 야한 화장을 한 졸업생들이 음악을 크게 틀고 춤을 추며 난리를 피워댔는데, 그 행렬이 끝도 없이 이어질 것 같았다. 섬에 사나 육지에 사나 고등학생들은 똑같다. 우리는 재빨리 숙소를 향해 떠났다.

숙소는 바닷가에 있는 단독 오두막을 빌렸는데, 아직 본격적인 휴가철이 시작되기 전이라 스물 몇 채 되는 오두막들 중 절반 이상이 비어 있었다. 주변에는 피자 레스토랑 한 개뿐, 가장 가까운 마트도 차로 15분이나 달려가야 있었다.

간단히 저녁을 먹고 바닷가에 나갔다. 아직도 해가 그 열기를 거둘 줄 모르고 창창히 떠 있었다. 바닷가의 고운 모래 위에서 한 쌍의 연인이 원반 던지기를 하고 있었다. 참 건강해 보이는 커플이었다. 우리 아이들은 바다에 돌멩이를 던지며 누구의 돌이 더 멀리 날아가나 시합을 하며 놀았다. 바닷가에 고요하고 맑은 밤이 찾아오면, 달빛을 타고 황새가 날아와 닐스처럼 나를 비네타 섬으로 데려다 줄까? 밤이 오기 전에 비네타 섬의 마법을 풀어줄 동전이라도 준비해야겠다.

꿈인지 생시인지 모르는 어떤 신비한 순간에 닐스는 황새의 등을 타고 스웨덴을 벗어나 지금은 역사책에서나 이름을 찾을 수 있는 독일 북부 지역의 포메른 지방으로 날아갔다. 그곳에서 그는 전설의 섬 '비네타(Vineta)'를 보았다. 비네타에 관한 이야기에는 다양한 버전이 있는데, 그 공통점은 다음과 같다.

아주 먼 옛날 비네타는 세상 어떤 도시와도 비교될 수 없을 만큼 부유하고 아름다운 도시였다. 그러나 불행하게도 주민들이 사치스럽고 방탕하여 그에 대한 벌로 폭풍우가 몰려와 비네타를 덮쳤고 도시는 바닷속으로 가라앉고 말았다. 변형된 전설에 따르면 어떤 특별한 날에는 비네타가 바다 위에 떠올라 그 아름다운 모습을 드러내고 경고성 교훈을 준다고 한다.

닐스가 황새의 등을 타고 포메른 지방의 바닷가에 날아갔던 그날이 바로 그 어떤 특별한 날이었다. 닐스는 그렇게 화려하고 아름답고 풍족한 도시는 처음 보았다. 상점마다 눈이 휘둥그레질 만큼 멋진 물건들로 가득했고, 상인들은 모두 닐스에게 무엇인가를 팔려고 안간힘을 썼다. 하지만 주머니 속에 동전 한 푼 없는 가난한 닐스는 그 어떤 물건도 감히 살 엄두를 내지 못했다.

그런데 닐스가 잠깐 등을 돌린 사이, 한참 돌아다니던 도시가 바로 눈앞에서 거짓말처럼 스르르 사라지고 말았다. 깜짝 놀란 닐스에게 황새는 비네타의 전설을 들려주었다.

"백 년에 딱 한 번 이 도시는 바다 위로 떠올라서 정확히 한 시간 동안만 육지에서 그 화려함을 드러낼 수 있어. 그 한 시간 동안 이곳 상인들이 살아 있는 이에게 무언가를 팔지 못하면 도시는 다시 바다로 가라앉고 말아. 네가 녹슨 동전 단 한 닢만이라도 상인에게 지불할 수 있었다면 비네타는 다시 해변의 도시가 되고 주민들은 다른 도시의 보통 주민들처럼 살다가 죽을 수 있었을 텐데……."

닐스는 엉엉 울고 말았다. 비네타 섬에 들어가기 전에 그는 녹슨 구리 동전 한 닢을 발로 차버리고 말았던 것이다. 우는 닐스 옆에서 나도 울고 싶었다. 산 것도 아니고 죽은 것도 아닌 뇌사 상태의 절망감이 가슴을 후비듯 지나갔다. 비네타 섬 주민들은 언제 용서를 받게 될까?

다음 날도 역시 고요하고 맑은 밤이 될 전망이었다. 아침 세상이 너무나 밝았다. 우리는 모두 두툼하게 썬크림을 바르고 고틀란드를 탐색하러 일찌감치 숙소를 나섰다. 생각보다 먼 곳에 숙소를 정한 게 흠이라면 흠이었다. 늘 그렇듯 우리 자동차 여행의 동반자인 안치환 노래를 크게 틀고 모두들 목청껏 따라 불렀다. 우리 아이들은 모두 안치환 아저씨 팬이다. 엄마인 내가 그의 팬이기 때문인데, 나는 불의에 대한 저항, 진솔한 삶과 아름다운 사랑을 노래하는 노래꾼 안치환을 좋아한다. 어렸을 때부터 그의 노래를 듣고 자란 우리 아이들은 한국에 가수가 안치환과 '강남 스타일'의 싸이만 있는 줄 안다.

슬픔에 가득 찬 닐스를 위로하기 위해 동료 기러기 카크시가 닐스를 데리고 날아간 곳은 고틀란드 섬의 주도(主都)인 비스뷔(Visby)였다. 비네타와 비스뷔! 하지만 그 둘을 어찌 비교할 수 있으랴! 아름답지만 역사의 흔적 없이 늘 그대로인 비네타를 조화라고 한다면, 역사의 나이테를 선명하게 보이며 폐허를 안고 있는, 그러나 여전히 사람들의 삶을 담고 있는 비스뷔는 시든 잎사귀와 꽃잎이 있지만 그 옆에 꽃봉오리도 함께 가진, 그리고 향기까지 품고 있는 생화라 할 것이다. 문득 안치환의 노래는 비스뷔처럼, 싸이의 노래는 화려한 비네타처럼 느껴졌다.

정말 비스뷔는 피고 지는 생화의 아름다움을 느끼게 해주는 도시이다. 도시 전체가 야외 박물관 같았는데, 보통 박물관과 다른 점은 그 안에서 사람들이 모형이나 진열된 삶이 아닌 진짜 삶을 꾸리고 있다는 것이다. 세상에 어떻게 이런 희한한 도시가 다 있는지 모르겠다.

비스뷔에 들어서 알메달렌(Almedalen)공원 옆 주차장에 차를 세웠다.

"흠, 여기가 그 유명한 알메달렌이란 말이지!"

알메달렌공원에서는 아직 나이테가 그려질 수 없는 따끈따끈하게 진행중인 정치축제가 매년 27번째 주, 대략 7월 초에 열린다. 몹시 아름다운 공원이다. 비스뷔의 장구한 역사를 볼 때 알메달렌의 정치축제는 그 기원부터 따지더라도 고작 46년밖에 되지 않았으니 거의 신생아나 다름없다. 이 정치축제는 1968년 고틀란드에서 여름휴가를 마치고 집에

알메달렌공원의 고즈넉하고 한가로운 풍경. 그러나 해마다 7월 초가 되면 최대의 정치축제가 열리면서 수많은 사람이 북적거리며 떠들썩해진다.

돌아가기 위해 배를 기다리고 있던 당시 사회민주당 정치인이었던 올로프 팔메(Olof Palme, 1927~1986) 전 총리에게 한 주민이 다가와 혹시 시간이 있으면 잠깐 연설을 해줄 수 있는지 요청한 데서 비롯되었다. 이에 팔메는 알메달렌공원 옆의 트럭 뒤에서 즉흥적으로 몇몇 사람들 앞에서 비공식 연설을 했고, 이 격의 없는 연설과 토론이 눈부시게 진화하여 오늘날 스웨덴에서 가장 큰 정치행사가 되었다.

'알메달렌 주간'이라고 불리는 이 정치축제는 8일 동안 행해지며, 스웨덴 내 정치에 연관이 있는 사람들, 그러니까 정치인들은 물론이고 시민사회단체·노동조합 구성원들, 언론인 등이 총집합하고 일반 시민들도 함께 참여하는 가운데 수백 개가 넘는 모임에서 모두들 격의 없이 토론을 벌이는 행사다. 이 정치토론의 꽃은 축제 주간 동안 매일 오후 7시에 행해지는 각 정당 대표들의 연설이다. 연설 기회는 의회 내 의석 수와 상관없이 하루에 한 명씩 각 정당 대표들에게 공평하게 주어지며 모든 행사는 스웨덴 전국에 실시간 생중계된다.

한국에서 연구차 방문한 어떤 사람이, 이런 열린 토론의 광장에서 정치인들이 자신들의 비전과 정책을 경쟁적으로 드러내고 국민들과 직접 소통하는 창구가 있다는 것이야말로 스웨덴이 세계 최고 복지국가를 유지하는 원동력이라고 부러워했다. 그러고 보니 한국에서는 각 정당의 열정적인 정책 연설을 5년에 한 번, 대선 때나 겨우 들을 수 있고 그것도 유력 정당의 연설뿐이니, 여러 가지 면에서 정치인들과 소통의 어려움을 겪는 한국 사람들로서는 참 부러워할 만하다.

몇 년 전 정치축제 기간의 일화를 하나 소개하자면, 당시 집권당인 중

알메달렌 주간의 빛과 그늘

일각에선 알메달렌 주간 자체에 대한 비판의 목소리를 내기도 한다. 이 또한 매체의 술책을 벗어나기 어렵다는 것이다. 정치가들은 그들의 의제만 밀어붙이고, 전 국민의 이목이 쏠려 있는 만큼 광고 회사들은 사람들의 눈을 사로잡으려고 별 짓을 다한다. 학자들은 자신의 이미지 관리에 특별히 힘을 쓰고 언론인들은 어디 기삿거리 없나, 눈에 불을 켜고 다니며 회사들은 물건 팔기에 급급하고, 호텔이나 레스토랑들은 한철 장사에 열을 올린다. 일반적으로 알메달렌 주간은 오늘날 세계 최고 복지국가 스웨덴을 있게 한 "민주적인 소통과 협력의 논리, 그리고 토론을 통해 사회적인 합의를 끌어내는 문화"라는 찬사를 받는데, 그 찬사 뒤에는 이런 부정적인 현상들도 나타나는 것이다. 사실 스웨덴 전 국민의 시선이 한 곳에 쏠리니 알메달렌이 얼마나 달아오르겠는가? 이해한다! 사람 모이는 곳 어디에나 있는 일이 스웨덴이라고 비켜가겠는가?

도당의 당수이자 총리였던 프레드릭 레인펠트는 자신에게 배정된 시간의 연설을 마치고 서둘러 집으로 돌아가야 했다는데 그 이유인즉, 당이 책정한 예산으로 비스뷔에서 적당한 가격의 호텔을 구하지 못했기 때문이었다고 한다.

아무리 수천 명이 몰려든다 해도 정치의 핵심 인물인 총리가 방을 구하지 못해 스웨덴 최대의 정치축제 기간에 서둘러 돌아가야 했다는 사실에 헛웃음이 나올 만큼 어이가 없었지만, 그래도 이게 스웨덴이다 싶었다. "당신, 총리야? 난 이 식당 주인이야." 뭐, 이런 분위기이다. 이웃에 국회의원이 살든 총리가 살든 별 관심이 없다.

스웨덴에서는 정치가라고 해서 특별히 월급이 많다거나 더 많은 혜택을 받지 않기 때문에 정치가는 그저 여러 직업들 중 하나에 불과하다. 국회의원들 중에는 업무량은 많은데 그에 비해 월급이 적어 이직을 하는 사람들도 꽤 있다. 정치인이 특수한 계층이 아니라는 점은 한국인인 나에게는 참 낯설다.

'중세 도시 비스뷔 탐구'는 차를 세운 주차장과 우연히 가까웠던 관계로 현재진행형의 역사적 장소인 알메달렌공원에서부터 시작되었다. 이제부터 얼마나 굵직한 역사의 나이테를 감지할 수 있을까 자못 큰 기대감을 갖고 공원 북쪽에 면해 있는, 가장 오래된 탑인 화약탑(Kruttornet)부터 성벽을 따라 걷자 마음먹었다.

비스뷔는 12세기에서 14세기 사이 그 지리적인 위치 때문에 발트해에서 한자동맹(Hansa同盟, 도시연맹)의 중심 도시이자 가장 중요한 무역 거점이었다. 비스뷔의 가장 큰 특징은 길이가 약 3.5킬로미터나 되는, 돌로 만든 튼튼한 성벽(Visby ringmur)이 도시 전체를 빙 둘러싸고 있다는

1230년에 세워졌으나 1525년 독일 뤼베크 상인들의 공격으로 폐허가 된 성 니콜라우스 교회. 이렇게 폐허가 된 음산한 교회 건물들이 도시 곳곳에 그대로 있다.

  것이다. 중세시대에 이런 성벽을 쌓는 것은 드문 일이 아니지만, 이 성벽은 비스뷔가 요새화된 상업도시로서 당시 상권을 둘러싼 이 지역의 분위기가 얼마나 험악했는지를 잘 말해준다.

  이 성벽은 13세기에 지어졌는데 주된 목적은 외세의 침입을 막는 것이 아니라 도시 밖에서 농사를 짓고 사는 사람들이 도시 안에 들어와 자유롭게 무역하는 것을 막는 것이었다. 갈등을 심화시킨 성벽의 건설은 1288년 성 안의 상인들과 성 밖의 농민들 사이에 치열한 내전을 불러왔다. 전쟁은 상인들의 승리로 끝났고 성벽 위에는 탑까지 세워지며, 성은 더욱 높아지고 길어졌다.

  오랜 세월 숱한 전쟁과 험악하기 짝이 없는 세월을 보냈음에도 성벽

비스뷔 대광장 옆에 서 있는 성 카트리나 교회의 내부. 완전히 폐허가 되었지만 여전히 위풍당당한 자태를 자랑한다.

이 거의 원형 가깝게 버티고 있는 걸 보면, 당시 건축술이나 석재가 나름 대단했음을 보여준다. 하지만 비스뷔 시내에 원형 그대로 보존된 옛 건물들, 그것도 목재 건물들이 이렇게 많은걸 보면 건물 자체의 튼튼함보다는 보존하려는 의지가 훨씬 더 중요하다는 것을 깨닫는다

비스뷔는 일본 애니메이션 「마녀 배달부 키키」(1989)의 배경 도시로도 알려져 있는데, 키키가 빗자루를 타고 날아다니는 도시의 커다란 시계탑은 비스뷔에는 없다. 애니메이션의 배경에는 중세 유럽의 여러 도시 모습이 혼재해 있는데, 이 도시를 둘러싸고 있는 성벽만은 비스뷔의 것이 확실하다.

성벽의 바깥을 따라 걷다가 성 안으로 들어가는 입구에서 비스뷔의

고틀란드박물관 레스토랑.

　이모저모를 한눈에 파악할 수 있는 박물관부터 가기로 했다. 박물관 내에 레스토랑이 있다니 그곳에서 이른 점심을 먹기로 했다. 박물관은 관광 안내소가 있는 도너플랏츠(Donner plats) 광장에서 가까운 거리에 있었다. 건물들 사이에 끼어 있어 박물관 입구는 그리 넓지 않았고 박물관 건물만 있을 것 같았는데, 막상 들어서니 안에는 정원이 꾸며져 있었고, 박물관 레스토랑의 테이블과 의자도 밖에 나와 있었다.

　아직 11시 반이 되기 전이라 식사를 위해서는 조금 기다려야 했다. 따사로운 햇빛을 받으며 박물관 정원에 앉아 음식을 기다리니 정말 행복했다. 이 레스토랑이 특히 마음에 든 이유는 고틀란드에서 생산된 재료만 요리에 사용한다는 것이었다. 드디어 레스토랑 문이 활짝 열렸고 우리는 그날의 첫 손님이 되었다. 주 요리 하나를 주문하면 샐러드와 빵, 소시지는 맘껏 먹을 수 있었다. 음식의 질도 양도 맛도 모두 만족이었

박물관에 전시되어 있는 비석들과 고틀란드 농부들의 허름한 갑옷.

는데, 스웨덴 음식에서 이런 만족감을 얻기는 쉬운 일이 아니다.

이제 박물관을 누빌 차례다. 박물관에 처음 들어서니 2세기에서 6세기 사이에 그려진 그림 비석들이 세워져 있었는데 그렇게 오래된 작품이라고 믿기 어려울 만큼 아주 정교하고 아름다웠다. 옛날 고틀란드인들은 재주가 많은 사람들이었음이 분명하다. 그 외에 고대 유물들도 질서정연하게 자리를 잡고 많은 것을 보여주려고 애를 쓰고 있었다. 지형적으로 고틀란드가 얼마나 독특한 섬인지, 지리적으로 얼마나 중요한 위치를 차지하고 있는지, 이 때문에 얼마나 많은 전쟁을 겪으며 역사적으로 얼마나 치열한 시간들을 보냈는지 자세히 소개되어 있었다. 1288년 내전, 1350년 흑사병 상륙, 1361년 덴마크 침공, 1394년 '비탈리안(Vitaliens) 형제'라고 불리는 해적의 약탈 등으로 화려한 상업도시 비스뷔는 몰락의 길을 걷는다.

덴마크가 침공했을 때 병사들이 입었던 갑옷이 성문에 진열되어 있

비스뷔에는 500채가 넘는 18세기의 목조 주거 건물들이 그대로 보존되어 있다. 방이 한두 개인 이 작은 집들은 기둥을 세우고 보를 걸치는 '포스트 앤 빔' 방식으로 지어졌는데, 주로 상인들과 하층민들이 살았다. 비스뷔 도시 전체가 살아 있는 박물관인 이유는 지금도 여전히 이 집들에 사람들이 살고 있다는 것이다. 대부분의 집에는 약간의 채소와 가축을 기를 수 있는 작은 밭이 딸려 있다.

비스뷔 시내로 들어가는 입구.

길이 약 3.5킬로미터, 높이 약 6~10미터의 비스뷔를 둘러싼 성곽. 성곽 안의 상인과 성곽 밖의 농민의 삶의 영역을 나누어 치열하고 처참한 내전을 야기한 그 의미마저 무거운 역사적인 돌담이다.

1160년 무렵에 오로지 방어 목적으로 지어진 화약탑. 현재 비스뷔 성곽 시작 지점이기도 한 이 건물은 스칸디나비아 반도에서 종교와 연관이 없는 가장 오래된 건물이다.

었는데, 어째 마음이 짠했다. 사실 이들은 병사가 아니라 전쟁 경험이 전혀 없는 농민들이었다. 게다가 이들의 갑옷이나 무기가 얼마나 허술했는지 쉽게 볼 수 있었다. 반면에 덴마크 병사들은 전쟁에 대단히 능했고 튼튼한 갑옷을 입고 있었다. 이후 약 300년 간 고틀란드는 덴마크의 지배를 받았다.

박물관에서 문헌과 유물로 비스뷔의 역사를 두루 살폈으니 이제 밖으로 나가 직접 확인할 차례다. 비스뷔가 놀랍고 훌륭한 점은 바로 이것이다. 비스뷔의 역사는 박물관에 갇혀 있지 않다. 여러 겹의 역사가 차곡차곡 쌓여 있는 모습을 눈으로 확인할 수 있다. 옛날 사람들의 삶, 그들의 일상이 여전히 도시 곳곳에 묻어 있기 때문이다. 한때 비스뷔가 얼마나 번성했던 도시였는지, 그리고 얼마나 황폐해졌는지 도시 전체가 온몸으로 증거를 들이대고 있었다. 이것이 바로 비스뷔가 세계문화유산으로 선정된 이유다. 욀란드와는 그 맛이 또 달랐다.

성벽 안 비스뷔 시내를 세 바퀴 돌았다. 역사가 여러 겹이니 겹에 따라 여러 번 돌아봐야 할 것 같아서였다. 여러 번 다녀도 질리지 않았다. 처음엔 보기에도 육중한 중세시대 석조 건물들이 많은 시내 중심가를 중심으로 돌았다. 대부분 비스뷔가 활발한 무역도시였음을 나타내는 창고나 저장고로 사용되던 건물들이었는데 너무도 짱짱해서 앞으로 1,000년도 넘게 버틸 수 있을 듯했다. 도시 곳곳에 폐허가 된 채 서 있는 교회 건물들 역시 중세시대에 지어진 것들로, 지붕은 다 벗겨지고 황폐한 벽만 앙상하게 남아 있는데, 얼마나 참혹한 시간을 보냈는지 다친 상처를 그대로 내보이는 것 같았다.

나를 더욱 놀라게 한 점은 교회들이 폐허 그대로 시내 중심 곳곳에 사람들이 사는 집과 레스토랑들 바로 옆에 서 있다는 것이다. 으슥한 밤, 달빛이며 별빛이며 모두 짙은 구름 뒤에 숨은 칠흑 같은 밤이면 도깨비들이 튀어나와 춤이라도 출 것 같았다. 이런 폐허가 내 집 바로 옆에 있다면 나는 과연 밤에 집 밖으로 나올 용기가 있을까? 없다.

그런데 화려하고 웅장했을 교회 건물들이 어쩌다 이렇게 폐허가 되었을까? 16세기 초 비스뷔의 주 수입원은 해적질이었다. 그들은 발트해의 항해와 무역을 방해하였고, 이에 1525년 뤼베크를 비롯한 한자동맹 상인들이 쳐들어와 교회 대부분을 불태워버렸다. 그 후 비스뷔는 16세기 내내 빈곤에 시달리며 불에 탄 교회뿐 아니라 파괴된 그 어떤 건물도 복구하지 못한 채 그대로 방치되었다. 이 처참한 시기에 비스뷔 인구는 1,000명이 채 되지 않았다.

1645년 고틀란드가 스웨덴 땅이 되면서 차츰 경기를 회복하기 시작한다. 주지사로서 관료가 파견되어 사택이 세워지고 정부 보조를 받기 시작하면서 건축도 다시 시작되었다. 멋스럽게 곡선이 들어간 목조 건물들은 17세기에 세워진 것들이다. 동쪽 성벽 밑자락에는 평민들이 사는 비좁은 목조 가옥들이 즐비하다. 이 수백 년 된 가옥에서 지금도 여전히 사람들이 이케아 전등을 달아 놓고 살고 있다. 19세기에 접어들면서는 이른바 시민 도시로서의 면모를 갖춘다. 성벽은 더 이상 도시와 농촌을 가르는 경계가 아니었고 상업의 중심지로서 비스뷔에는 은행, 학교, 병원 등 기관시설들이 들어섰다.

그러나 20세기 초, 닐스의 눈에 비스뷔는 폐허로만 보였다. '장미와 폐허의 도시'라는 별칭을 얻으며 비스뷔가 역사 유적지로서 관심을 받기 시작한 것은 20세기 들어서부터이니, 닐스가 여행을 다니던 시기의 비스뷔는 스웨덴 내 최고 관광지로 각광받고 있는 활기찬 지금과는 많이 달랐을 것이다.

긴 하루를 보내고 저녁거리로 고틀란드산 상추와 딸기를 사 들고 총총히 오두막에 돌아왔다. 내일은 양들이 산다는 릴라 카를스외 섬에 갈 예정이다. 그리고 시간이 허락한다면 이름 앞에 '스웨덴이 낳은 세계적인 거장'이라는 수식어가 당연하게 따라붙는 영화감독 잉마르 베리만(Ingmar Bergman, 1918~2007)의 섬 포뢰(Fårö)에 갈 예정이다. 내일의 여정을 위해 모두 일찍 잠자리에 들었다.

다음 날 아침, 정말로 일찍 일어났다. 릴라 카를스외 섬에 가려면 1시간 넘게 달려야 하는 데다 배 시간이 어떨지 모르니까 말이다. 어디를 뒤져봐도 릴라 카를스외의 배편을 알아볼 수 없었다. 그러니 직접 가보는 수밖에. 관광 안내소 직원도, 박물관 직원도 모른다고 했고, 가본 적도 없다고 했다. 심지어 '왜 가려고 하느냐?'고 묻기까지 했다.

닐스 일행은 폭풍우에 떠밀려 간신히 릴라 카를스외 섬에 내려 앉았는데, 용케 찾아 들어간 동굴에서 그들은 여우를 피해 숨어 있는 양들을 만났다. 여우가 밤에 몰래 와서 양들을 잡아 가지만 않는다면, 릴라 카를스외 섬은 양들과 바닷새들에게 축복의 섬이었다. 숫양의 등을 타고 아름다운 섬을 돌던 닐스는 바닷가에서 끔찍한 광경을 목격했다. 여우들의 식사 장소인지, 여기저기 죽은 양들이 널브러져 있었다. 살점을 완전히 먹어 뼈만 앙상하게 남은 양도 있었고 반쯤 먹어치운 것도 있었다. 어떤 양은 아예 입도 대지 않고 그냥 내버려둔 것도 있었다. 숫양은 말했다.

"힘이 있고 현명한 어떤 사람이 이 비참한 광경을 보았다면 분명히 여

현재와 과거가 뒤섞여 공존하는 아름다운 비스뷔 대광장.

우가 벌을 받는 날까지 잠시도 쉬지 않을 거야."

이에 닐스가 말했다.

"그렇지만 여우도 살아야지."

다시 숫양이 말했다.

"생존을 위한 필요보다 더 많은 동물을 죽이는 놈들은 살 가치가 없어. 이 여우들은 범죄자야."

아! 명쾌하다. 살기 위해 필요한 물자 이상을 소비하는 사람들도 모두, 범죄자들이란 말이 아닌가!

섬을 돌면서 숫양은 닐스에게 조심해야 할 곳을 일러주었다. 섬 곳곳에는 바위가 갈라져 생긴 깊고 넓은 틈바구니들이 있었는데, 이들 중 가장 큰 것은 '지옥문'이라는 이름이라고 했다.

"거기에 떨어지면 누구라도 끝장나는 거야."

닐스 일행은 이 지옥문이 필요 이상의 살생을 저지르는 범죄자들을 떨어뜨려 가두기에 안성맞춤인 장소라 생각했다. 다음 날 아침 릴라 카를스외 섬 옆에 있는 큰 섬인 스토라 카를스외(Stora Karlsö)의 등대지기는 나무 껍질 위에 다음과 같이 쓴 글을 발견했다.

릴라 카를스외 섬에 사는 여우들이 지옥문에 떨어졌어요.
처리하세요.

지도를 들고 가다 보면 나오겠지, 하는 안이한 생각을 했다. 그러나 지도상으로 점점 릴라 카를스외에 다가오니 불안해졌다. 항구가 있을 만한 분위기가 아니었기 때문이다. 나룻배가 다니나? 좁은 시골길에서 물어볼 사람도 없었다. 조금 헤매면서 어찌 어찌하여 배가 출발하는 곳을 찾긴 찾았다. 그러나 아무도 없었다. 저 멀리 바다 위에 릴라 카를스외 섬이 보였다. 날개가 있어 날아간다면 10분이면 도착할 수 있을 것처럼 가깝게 보였다. 간이 피자 가게가 하나 있어 문을 두드렸다. 한참만에 졸린 듯한 표정의 아저씨 한 분이 나왔는데, 릴라 카를스외 섬까지 7월과 8월 딱 두 달만 보트를 운행한다고 했다. 개인 보트가 있다면 1년 내내 어느 때라도 갈 수 있다는 말을 덧붙이면서 말이다.

"저기 뭐가 있나요?"

"아무것도 없어요. 주로 새나 희귀 식물들을 보러 가는 거죠. 그냥 바위 섬이에요."

오늘날에도 온전히 보존되어 있는 비스뷔 성곽 북문.

"양들도 사나요?"

"양들이요? 거기 양들이 있대요?"

허탈했다.

"이제 포뢰 섬에 가자."

포뢰 섬은 고틀란드 섬 가장 북쪽에 있다. 우리의 숙소는 고틀란드 중간쯤에 있었고 여기는 남쪽이다. 포뢰 섬에 가려면 한참을 올라가야 하니 남편의 반응이 시큰둥하다. 저녁 때 고틀란드를 떠날 예정이라 배 시간이 빠듯하다는 생각을 하고 있는 것이다.

"베리만 감독의 마음을 송두리째 빼앗은 멋진 곳이라잖아. 그냥 한 바퀴 돌면서 구경이라도 하고 싶어서 그래."

저만치 보이는 릴라 카를스외 섬. 양들을 찾아가볼까.

남편이 한 번 더 제동을 건다.

"릴라 카를스외 섬에 가는 배가 있었더라면 포뢰 섬에는 가지도 못했겠구만."

물론 그렇다. 하지만 릴라 카를스외 섬을 먼 곳에서나마 본 지금, 둘 중에 가고 싶은 한 곳을 선택하라면 이제는 포뢰 섬을 택하겠다.

드디어 포뢰 섬에 도착했다. 아침에 일찍 서두른 탓에 이제 겨우 12시가 넘었다. 포뢰 섬은 정말 베리만의 섬이다. 누군가는 그가 포뢰 섬에 칩거했다고 하는데 칩거란 표현은 전혀 맞지 않다. 그는 세상에서 누구보다도 포뢰 섬을 사랑한 사람이었다. 그가 포뢰 섬에 처음 온 날은 1960년 폭풍이 몰아치는 4월 어느 날이었다. 영화제작사가 「거울을 통해 어렴풋이」(1961) 촬영 장소로 포뢰 섬을 제안했는데, 그는 망설였다. 이미 촬영 장소로 스코틀랜드 북쪽에 있는 오크니 섬을 마음에 두고 있었기 때문이다. 그가 포뢰 섬을 방문한 이유는 거절할 이유를 찾기 위해서였다.

그러나 포뢰 섬에 온 베리만 감독은 마법에라도 걸린 듯 섬의 매력에 푹 빠져버렸다.

"혼자 생각했지. 이곳이야말로 내가 살고 싶은 곳이라고. 이런 느낌은 처음이야. 마치 마술 같았어."

그의 인터뷰 기사는 그에게 포뢰 섬이 안식처 그 이상이었음을 알려준다.

"포뢰 섬이 없었다면 내 인생이 과연 어땠을까?"

"난 포뢰 섬에서는 한 번도 외로움을 느낀 적이 없었어. 오히려 스톡홀름 같은 도시에서 아주 외로웠지."

"나는 포뢰 섬 사람들이 좋아. 그들의 정신세계, 생존 수단, 어려움을 대처하는 결단력과 에너지가 말이야. 정말 멋진 사람들이야."

"사람들이 잉마르 베리만이 어디 사냐고 물으면 이곳 사람들은 엉뚱한 곳을 가르쳐준대. 내 사생활을 보호해주기 위해서지. 정말 얼마나 고마운지 몰라……. 난 여기서 영원히 살 거야."

포뢰 섬에 영원히 살고 싶다던 그는 소원대로 포뢰 교회에 묻혔다. 그의 대표작들이 포뢰에서 촬영되었고, 그의 영화 촬영지 관광코스가 따로 있을 만큼 사람들이 많이 찾는다. 그는 "대중 매체인 영화를 철학적 사유의 매체로 격상시켰다.", "실존철학적 주제를 북유럽의 음울한 영상미로 승화시킨 영상 철학자다.", "1950, 1960년대 유럽 예술 영화 지형도를 업그레이드시켰다."는 등의 찬사를 받는 감독이고, 그의 작품들은 전 세계 영화학도들에게 고전으로 추앙받고 있다. 오래전 잠시 연극

바다에 면해 있는 포뢰 교회, 잉마르 베리만 감독이 묻혀 있다.

영화과 대학원에 다니던 시절, 그의 작품을 대단히 인상 깊게 보았던 학생으로서 나는 그의 영화 촬영지를 순례까지는 못하더라도 이 섬의 어떤 풍광이 그를 그토록 매혹시켰는지 보고 싶었다. 일단 거장의 묘가 얼마나 거창한 지 베리만의 묘부터 가기로 했다.

　포뢰 섬은 배를 타고 건너야 한다. 뜻밖에도 자동차까지 실어서 날라 주는 배가 무료였다. 이 짧은 해협에 다리를 놓지 않은 당국의 배려인지도 모른다. 베리만의 묘가 있는 교회는 큰 길가에 있어 바로 찾을 수 있었다. 교회 건너편에는 푸른 바다가 넘실대고 교회 묘지 한 켠에 자리잡은 거장의 묘는 생각보다 너무 소박했다.

　포뢰 섬은 다소 충동적인 방문이어서 막상 어딜 가야 할 지 조금 막막했다. 베리만이 살았던 집에 가려 했으나 숲 속만 헤매다 그냥 돌아 나왔다. 들어가는 길이 비포장도로라 너무 거칠어서 자동차가 춤을 추다시피 했는데, 아이들이 "바퀴가 터질 것 같다."며 불안해했다. 사실 개인 소유의 집이라 이런 식의 방문은 금지되어 있다. 숲 속 군데군데 외롭게 서 있는 집들이 몇 채 보였는데 인기척이라곤 없었다. 그는 형이상학의 늪에 빠져 현실정치를 외면한다는 좌파 진영의 비판을 받기도 했는데, 이런 곳에서 살다보면 사회가 어떻게 돌아가든, 정치 현실이 어떻든 그런 것은 아무래도 좋을 것 같았다.

포뢰의 바닷가를 보러 중세시대 항구였다는 곳에 갔다. 베리만을 매료시켜 영화 속 배경으로 등장하는 바닷가에 가려면 북쪽으로 한참 더 올라가야 하는데 연신 시계를 보는 남편에게 거기까지 가자는 말을 하기는 어려웠다. 어느 바닷가든 포뢰의 바닷가라면 그 정취는 느낄 수 있지 않을까 기대했다. 바닷가에 잇닿아 있는 좁은 외길을 자동차로 지나갔는데 만약 마주 오는 자동차라도 한 대 있으면 오도가도 못할 만큼 길이 좁았다. 한참 들어갔더니 조그마한 공터에 차가 몇 대 세워져 있었고 이미 온 관광객들이 바닷가에서 돌아 나오고 있었다. 우리도 서둘러 오솔길을 걸어 바닷가로 나갔다. 자갈이 깔린 해변이 뙤약볕 아래 넓게 펼쳐져 있었다. 저 멀리 해변 끝자락에 몇몇 사람들이 서 있는 모습이 보였다. 이글거리는 자갈을 밟고 사람들이 있는 곳에 갔는데, 거기서 아주 기묘한 바위들을 보았다. 아, 이게 라우카르(Raukar)구나!

릴라 카를스외 섬에서 닐스는 어떤 바위 기둥들을 보고 흉측한 괴물인 줄 알고 깜짝 놀랐었다. 이 바위 기둥들은 '라우카르'라는 고틀란드 바닷가의 대단히 독특한 자연경관인데, 수백만 년 동안 파도와 바람에 날려온 먼지 같은 알갱이들이 돌과 암석 사이에 마찰을 일으켜 만든 석

포뢰 해변의 라우카르.

회암 기둥들이다. 목이 휙 돌아간 듯 보이는 양, 뒷머리에 큰 혹이 달린 사람, 머리 없는 거인 등 정말 기기묘묘한 모양의 바위 기둥들이 서 있었다.

포뢰 섬에서 나오는 길에 비가 한두 방울 떨어졌다. 그토록 눈 시리게 맑던 하늘에 언제 자리를 잡았는지 먹구름이 군데군데 떠 있었다. 알메달렌 주차장에 차를 세워놓고 다시 중세 도시 비스뷔 시내로 들어왔다. 다행히 먹구름은 저만치 사라지고 다시 햇빛이 쨍쨍 내리쬐었다.

마지막으로 한 군데 더, 고틀란드를 떠나기 전에 꼭 보고 싶은 것이 있었다. 석조 기둥 세 개인데, 비스뷔 시민들이나 멀리 배를 타고 오는 방문객들까지 어디에서든 볼 수 있게 북쪽 성벽 너머 높은 둔덕 위에 세워 놓았다. 무엇일까? 바로 처형대(Galgberget)다. 삼각 기둥을 버팀대 삼아 막대기를 올려 놓고 줄을 묶어 범죄자들의 목을 매달았는데, 사람들의 공포심을 유발하기 위해 꽤 오랫동안 시체들을 그대로 두었다.

물어물어 찾아간 처형대는 깔끔한 현대식 아파트 단지 뒤편 언덕에 있었다. 처형대의 석조 기둥 돌은 정확히 17개였다. 우리나라 사람들은 욕설에 18을 사용하지만 스웨덴 사람들은 17(sjutton, 후톤)을 사용한다. 그런데 사실 내가 궁금한 것은 처형대 자체가 아니고 그 처형대에 매달리게 한 죄목이다. 어떤 큰 죄를 지었기에 자신의 살이 천천히 썩어가는 것을 사람들에게 내보이는 비참한 최후를 맞을 만큼 윗사람의 심기를 건드린 것일까? 혹 위정자들의 자리를 위태롭게 하는 내란음모죄가 아니었을까? 예로부터 능지처참 또는 삼족을 멸하는 등의 무거운 형벌은 반란을 꾀한 정치범에게 내려졌으니 말이다.

그런데 오늘날 스웨덴에서 누군가 내란음모를 꾀하고 있다면 저 처형대에 매달리는 대신 당을 꾸리고 알메달렌공원의 정치축제에 당당히 내란 계획을 상정할 것이다. 몇몇은 박수를 치고 몇몇은 비난하겠지만, 적어도 목을 매달아야 한다고는 아무도 말하지 않을 것이다.

닐스는 비스뷔의 한 무너진 교회의 풀밭에 누워 저녁 하늘을 올려다보았다. 그는 비스뷔의 지붕도 없이 폐허가 된 교회, 아무런 장식도 없는 집, 쓸쓸하고 황량한 거리를 생각하며, 비네타는 바다 아래 숨겨진 채 호화찬란한 아름다움을 영원히 간직하는 게 더 낫다는 생각을 했다. 시간의 흐름 속에서 퇴색하지 않는 것은 하나도 없을 테니 말이다.

"비네타는 그냥 그대로 있는 게 좋아. 나에게 도시를 구할 힘이 있더라도 그냥 그대로 두었을 거야."

그러나 아니다! 만약 닐스에게 비네타를 구할 수 있는 기회가 온다면, 그는 화려하지만 죽어 있는, 뇌사상태의 도시 비네타에 생명을 불어 넣어야 한다. 폐허이긴 하나 살아 있는 비스뷔에서 희망찬 미래를 발견하기에는 닐스가 너무 어렸던 것 같다. 비스뷔에 다시 오면 역사의 겹을 다른 차원에서 한 장 더 벗겨낼 듯하다.

Småland

4장. 말괄량이 삐삐의 고향
스몰란드

스몰란드, 4월 12일~4월 14일

스몰란드의 손네르보 지역에서 닐스는 도둑질을 일삼는 포악한 까마귀 떼에게 납치당한다.
그런데 어떤 무리든 반드시 다른 성향의 존재가 있게 마련이다. 닐스는 도둑질과 불의를 참지 못하는 정의로운 까마귀의 도움으로 간신히 빠져 나와, 스몰란드 북쪽의 황량하고 외딴 곳에 있는 어떤 농장에서 외롭게 죽음을 맞이한 할머니의 삶을 마주한다.

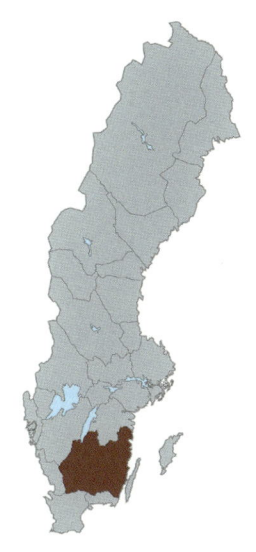

고틀란드를 떠나 닐스 일행이 날아간 곳은 스몰란드 북쪽 슈스트(Tjust) 지방이다. 스몰란드는 스코네 동북쪽에 자리 잡고 있는 지역인데, 우리나라로 치면 강원도쯤 되지 않을까 싶다.

스몰란드는 동토의 땅 스웨덴에서도 상당히 척박한 축에 든다. 저 북쪽의 오로라가 보이고 백야를 경험할 수 있는 극지방에 비한다면 감자라도 생산하니 그래도 낫다고 해야 할까? 19세기 말 무렵부터 시작되어 수십 년간 이어진 미국으로의 이민 행렬에서 가장 많이 들을 수 있었던 말이 스몰란드 지역 사투리였다. 가장 가난한 곳이었기 때문이다.

스웨덴 최남단의 비옥한 땅 스코네 출신 닐스에게는 척박한 땅 스몰란드 출신의 거위치기 소녀 오사와 그녀의 남동생 릴레 마츠라는 가난한 친구들이 있었다. 릴레 마츠는 어디선가 주워들은 이야기를 닐스에게 자주 해주었는데 그중에는 스코네와 스몰란드가 어떻게 생겨났는지에 관한 이야기도 있었떠.

하느님께서 스몰란드 지역을 만들고 계셨을 때 이를 지켜보던 베드로가 자신에게 그 일을 맡겨달라고 졸랐다. 하느님은 베드로가 미덥지 못했지만 그의 청을 거절하기 어려워 그에게 스몰란드를 만드는 일을 넘겨주시고 스코네 지역을 만들기 위해 떠나셨다. 그러나 스코네를 다 만들고 스몰란드 지역에 오신 하느님은 베드로의 작품을 보고 얼굴 표정이 굳어지셨다.
"도대체 어떻게 이런 땅을 만든 게냐? 이곳은 차가운 서리가 내리는 거칠고 메마른 땅이 되겠구나!"

그래서 하느님은 살기 좋고 풍요로운 땅으로 만든 스코네 지역에 살 사람들이나 만들라고 베드로를 스코네로 보내시고 자신은 척박한 땅에서도 잘 살아갈 수 있도록 현명하고 성실하며 재주 많은 사람들을 만들어놓으셨다. 그러니 오사와 릴레 마츠는 하느님의 작품이고 스코네 사람인 닐스는 베드로의 작품이란 말이다. 장난꾸러기 릴레 마츠는 이런 식으로 닐스를 놀렸다.

그러나 이것은 릴레 마츠 같은 어린아이가 친구를 놀리려고 지어낼 만한 이야기는 아니다. 가난한 땅 스몰란드에서 스웨덴에서 가장 아름답고 화려한 산업인 '유리 왕국(Glasriket)'과 세상에서 가장 힘세고 태평스러운 데다 금화를 잔뜩 가지고 있는 '말괄량이 삐삐'가 탄생했으니 말이다.

기러기들이 슈스트 지역에서 잠시 머물지도 않고 날아간 곳은 스몰란드 남서부 지역인 손네르보(Sonnerbo)였다. 그곳에서 닐스는 간악한 까마귀 떼에게 납치를 당하고, 이어 여우 스미레에게 거의 잡힐 뻔하다가 모르텐과 둔핀을 만나 간신히 목숨을 건졌다. 스미레를 피해 이 세 명의 여행자가 저녁 늦게 도착한 곳은 스몰란드의 어느 황량하고 외딴 지역이었다.

닐스는 베드로가 만든 척박한 땅 스몰란드의 한 농장에서 외롭고 고된 삶을 사신 할머니를 만났다. 아니, 할머니를 직접 만난 것이 아니라 할머니의 삶을 만났다. 갑자기 세상을 떠난 남편을 대신하여 할머니는 힘든 농장 일을 하며 우리나라의 어머니들처럼 자신을 희생하며 오로지 자식들에게 희망을 두고 살았다. 하지만 늘 그렇듯이 장성한 자식들은 늙은 어미를 챙기기보다는 각자 제 인생을 살아가기 마련이다. 게다가 당시 스웨덴은 시절이 좋지 않았다.

할머니의 자손들은 모두 스웨덴에서 미국으로 떠나는 이민 행렬 속에 있었다. 가난을 벗어나기 위해 떠나는 자식과 손주들을 할머니는 막을 수 없었다. "이곳이 황량한 습지 대신 농사를 지을 수 있는 넓고 기름진 땅이었다면, 내 아이들이 그렇게 멀리 떠날 필요가 없었을 텐데." 끝내 할머니는 방바닥에 쓰러져 혼자 돌아가시고 말았다. 할머니의 외로운 죽음은 베드로 탓이 분명하다.

예전 스웨덴이 살기 어려웠던 시절, 자식들의 삶이 복지제도가 아니라 전적으로 부모에게 의존되어 있던 때에는 부모들의 자식 사랑이 더욱 각별했던 듯싶다. 이에 따라 자식들이 부모님께 효도하고자 하는 마음도 한층 깊었을 것이다. 그런데 교육비와 의료비는 물론, 아동 수당까지 아이들에게 들어가는 경비의 많은 부분을 국가가 지원하는 지금은 어떠한가? 부모와 자식 간의 관계가 예전보다는 소원해진 듯하다.

얼마 전, 한국 여학생과 그녀의 스웨덴 남자친구를 집에 초대한 적이 있었는데, 그 청년의 이야기가 재미있었다. 그는 15살이 되면서 나라에서 지급하는 17만 원 정도의 아동 수당을 자신의 통장으로 직접 받았고 이때부터 부모님으로부터 부분적으로나마 경제적인 독립을 했다. 일례로 그가 아버지와 함께 탁구장에 갔는데 그는 공짜였고 어른인 아버지는 입장료를 지불해야 했다. 그런데 탁구는 아버지가 그를 위해 치는 것이었으므로 입장료의 반을 그가 지불해야 했다. 반항기가 시작된 아이라면 이제 용돈도 주지 않는 엄마 아빠는 "내 일에 상관 말라."는 자세로 나온다고 한다. 어떤 경우에는 부모에게 숙박비를 지불하기도 한다는데 우리나라 정서로는 이해하기 어렵다.

반면에 스웨덴에서는 우리나라와 달리 부모의 경제력 때문에 자식의 인생이 크게 좌우되지 않는다. 모든 것이 각자 하기 나름이다. 크게 사치스러운 일이 아니라면, 부모가 가난하다고 해서 못 배울 것도, 못할 것도 없으니 부모 탓을 하는 경우는 별로 없다. 사교육이 극성을 부려 부모의 재력에 따라 자식의 삶의 많은 부분이 좌우되는 우리나라 현실을 생각할 때 이 점은 참 부럽다.

서로에 대한 의존도가 낮은 탓일까? 우리는 천륜이라 부르는 부모 자식 간의 절절한 사랑이 이들에겐 우정처럼 담백하다. 나에겐 낯선 장면이 아닐 수 없다. 우리나라의 경우에는 아들 딸 다 키워 시집 장가 보내 놓고도 맞벌이하며 고생하는 자식들, 손주들 봐주고 김치도 담가주면서 여전히 자식 뒷바라지를 하는 부모님들이 아주 많은데 말이다.

자식들이 각자 살 길을 찾아 떠난 텅 빈 농장에서 오직 자식들이 잘 되기만을 빌며, 혹시라도 자신이 쓸쓸해한다는 사실을 자식들이 알고 걱정할까 봐 전전긍긍하면서 혼자 죽음을 맞이하는 가난한 시절의 헌신적인 스웨덴 할머니 모습이 가슴 저리는 이유는 아마도 자식 일이라면 물불 가리지 않고 덤비는 지금 우리나라 부모들의 모습과 겹쳐 보이기 때문일 것이다.

할머니의 농장은 스몰란드 북쪽 어디일 뿐, 정확한 장소는 알 길이 없다. 하지만 이런 농장은 스몰란드 어디에나 있을 것이다. 나는 할머니의 농장을 찾아가는 대신 스몰란드 중부에 있는 도시 벡셰(Växjö)의 이민박물관에 갔다. 그곳에서 할머니를 외롭게 만든 불행한 이민의 시대를 여러 가지 시청각 자료를 통해 만날 수 있기 때문이다.

이민박물관
가난했던 스웨덴인들의 아메리칸 드림

스몰란드에서 가고 싶은 곳을 말하라 했더니 아이들은 삐삐마을, 남편은 유리왕국을 꼽았다. 두 곳 다 스몰란드의 대표적인 명소들이니 모두 가볼 만한 곳이다.

"엄마는?"

"난, 이민박물관!"

스몰란드는 이렇게 세 곳을 다녀오기로 했다.

가장 먼저 간 곳이 벡셰 호수 옆에 있는 이민박물관이었다. 박물관에

벡셰의 이민박물관 전경.

는 19세기 중반부터 20세기 초반까지 아메리칸 드림을 찾아 떠난 이민자들의 기록과 인터뷰, 회상들이 잘 모아져 있었는데 마치 수난을 겪고 있는 식민지 시대 모습처럼 보였다. 콧대 높은 스웨덴 사람들에게도 이런 굴욕의 세월이 있었다. 당시 결정적으로 스웨덴인들을 미국으로 내몬 것은 1865년 즈음부터 몇 년 간 이어진, 스웨덴 역사상 전무후무한 자연 재앙으로 기록된 흉년 때문이었는데, 굶주림에 허덕이던 사람들이 짐을 챙겨 대부분 미국행 배에 몸을 실었다. 미국에 정착한 스웨덴인이 시카고에만 15만 명이 넘었다는데 그 수는 당시 스웨덴 제2의 도시였던 예테보리 인구보다 더 많은 것이었다. 그리고 미네소타에는 스웨덴타운이 따로 있을 정도였다.

그런데, 과연 자연재앙에 따른 굶주림만이 사람들을 미국으로 밀어

아메리칸 드림을 찾아 떠나는 스웨덴 사람들. 이민박물관에 걸려 있는 유화다.

낸 유일한 요인이었을까? 흉년 당시에는 그랬다 하더라도 1930년대까지 꾸준히 이어진 이민의 물결까지 설명하기에는 부족하다. 20세기 초, 여전히 가난하긴 했으나 스웨덴 역시 경제가 성장하던 때였기 때문에 어떤 지역에서는 심지어 노동력이 부족하기까지 했다. 그럼에도 평생 자기 고장 한 번 떠나본 적 없는 사람들이 왜 고국을 등지고 험한 뱃길과 그보다 더 험한 타향살이를 택했을까?

역사가들은 사람들을 '밀어낸' 요인보다 '당긴' 요인에 더 주목했는데, 이것은 미국에 정착한 사람들이 스웨덴에 남아 있는 친지들에게 보낸 편지에 잘 나타나 있다. 미국은 "왕도 없고 성직자도 없는" 자유로운 나라였다. 미국에는 당시 스웨덴에는 없는, 개인이 누릴 수 있는 훨씬 커다란 자유라는 매력이 있었던 것이다. "여긴 계급차별도 없고, 누구

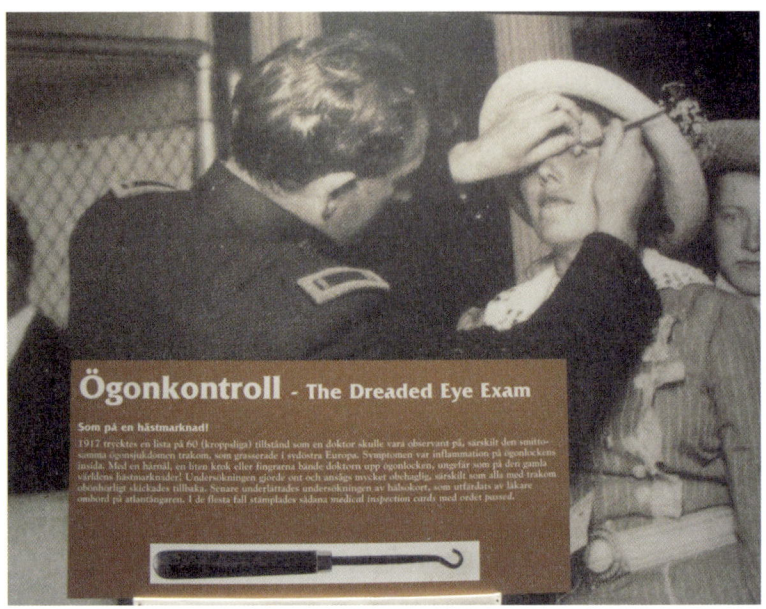

눈병 검사를 받고 있는 스웨덴 이민자. 오늘날 최고의 복지를 자랑하는 스웨덴에도 이런 '찢어지는' 가난과 설움의 세월이라는 슬픈 과거가 있었다.

에게나 기회가 공평히 열려 있어." 현재의 스웨덴 국민들이 누리는 자유를 생각하면 정말이지 깜짝 놀랄 일이다.

빵과 자유를 찾아 떠난 스웨덴 여성들은, 지금으로서는 상상도 하지 못할 일이지만 '고분고분하다' 며 하녀로 인기가 높았고 어떤 사람들은 재봉사가 되었으며 또 어떤 사람들은 넓은 땅을 임대해 농사를 짓기도 했다. 그들 중에는 정치적으로 성공해서 주지사가 된 사람도 있었고, 어느 정도 살다가 스웨덴으로 돌아온 사람들도 꽤 있었다. 이것은 스웨덴의 복지제도가 차츰 윤곽이 드러나기 시작했을 때부터다.

닐스가 달빛 아래서 조용히 눈을 감겨드린 할머니의 자손들은 돌아왔을까? 아니면 여전히 미국에 남아 있을까? 스몰란드가 기름진 땅이었

이민박물관 앞의 빌헬름 모베리 두상.

다면 그들은 떠나지 않았을까? 그런데 만약 가난이 아니라 자유를 찾아 떠났다면 할머니는 자식들에게 배신감을 느꼈을까?

이민박물관 밖에는 스웨덴 이민사를 생생하게 형상화한 소설 『이민자들(Utvandrarserien)』을 쓴 작가 빌헬름 모베리(Vilhelm Moberg, 1898~1973)의 두상이 있었다. 내가 스웨덴에 와서 도서관을 돌아다니다가 처음 집어 든 책이 그가 민중을 주인공으로 쓴 스웨덴 역사책이었다. 아주 재미있게 읽었기에 지은이 이름을 기억해두었는데, 알고 보니 역사학자보다 작가로 더 유명한 인물이었다. 『이민자들』은 19세기 중엽 미국으로 이민을 떠난 스몰란드 토박이 16명의 이야기를 담고 있는데, 스웨덴 이민사를 다룬 기념비적인 작품으로 스웨덴 현대 문학의 고전으로 자리 잡고 있다. 모베리 역시 스몰란드 출신으로 그의 저서에는 역사책,

소설책 등 분야를 가리지 않고 가난한 민중이 등장한다.

그런데 박물관에 쌓여 있는 많은 이야기들은, 마치 이웃 동네 갑부 할아버지가 할아버지의 막강한 경제력 때문에 고생이라고는 전혀 모르고 자란 철부지 손주한테 들려주는 자신의 가난했던 시절 이야기처럼 멀게만 느껴졌다. 한 세대 건너 손주가 할아버지의 가난을 절실히 느끼기는 어려울 듯하다. 갑자기 같은 시기인 20세기 초, 나라 잃은 울분을 삼키며 하와이 사탕수수 농장으로 이민을 떠났던 우리 할아버지 할머니들이 떠올랐다. 그분들의 이야기도 후손들에게는 그저 먼 옛날이야기로만 들릴 것이다.

최근에는 거꾸로 스웨덴으로 이민자들이 몰려들고 있다. 1965년 이민박물관을 세운 주된 목적은 1864년부터 1930년까지 스웨덴을 떠나 다른 나라로 간 이민자들의 역사와 그 서러운 이야기를 담는 것이었으나 현재는 스웨덴으로 이민 또는 망명 온 사람들의 이민 이야기까지 그 범위를 확장시켰다. 자신들의 이민의 역사를 바탕으로 이제 새로 들어오는 이민자들과 통합 사회를 만들고자 하는 의지를 엿볼 수 있는데, 삶의 배경이 다른 사람들과 잡음 없이 어울려 산다는 것은 살고 있던 사람들에게나 새로 정착하려는 사람들에게나 참 어려운 일이다.

삐삐마을
말괄량이 삐삐의 고향을 찾아서

우리는 우리에게 친숙한 이름인 '삐삐마을' 이라고 부르지만 정식 명

아스트리드 린드그렌의 동화나라에서 공연 중인 삐삐 연극.

칭은 『삐삐 롱 스타킹』의 저자 이름을 딴 '아스트리드 린드그렌의 세계(Astrid Lindgrens Värld)'이다. 겨울 내내 문을 닫았다가 문을 연 지 일주일이 채 되지 않았던 때라 사람들이 많지 않을 줄 알았는데 생각보다 북적거렸다.

보통 스웨덴에서는 사람이 북적거리는 것을 보기 어려운데, 스몰란드 깊숙이 자리 잡고 있는 외딴 도시 빔머뷔(Vimmerby)의 삐삐마을 앞에서, 게다가 성수기도 아닌데 이토록 많은 사람들이 줄을 서서 표를 살 줄이야! 하긴, 모든 스웨덴 국민은 아스트리드 린드그렌(Astrid Anna Emilia Lindgren, 1907~2002)의 동화를 읽고 자란다고 한다.

삐삐마을에는 말괄량이 삐삐뿐만 아니라 그녀의 작품에 등장하는 여러 주인공들, 즉 『지붕 위의 칼손』의 칼손, 『뢰네베르가의 에밀』의 에밀, 『탐정 블롬크비스트』의 블롬크비스트 등도 함께 살고 있다.

삐삐마을은 이를 테면 동화나라 같은 곳인데 흔히 생각하는 알록달록하고 몽환적인 동화나라 분위기는 전혀 아니었다. 동화 속의 주인공들이 돌아다니고 연극도 하고 이벤트도 하지만, 여타 놀이동산의 캐릭터들처럼 비현실적으로 과장되게 꾸미거나 화려하지 않아서 주인공들이 실제 인물처럼 느껴졌다. 건물들도 실제 집들보다는 작았지만 장난감 집이라 하기엔 들어가서 살 수도 있을 만큼 튼실해 보였다.

아스트리드 린드그렌의 동화에는 스몰란드의 조그만 동네에서 가족들과 함께 보낸 작가의 어린 시절이 담뿍 스며들어 있다. 삐삐마을 구석구석을 돌면서 가난한 마을에 사는 어린 소녀의 꿈을 읽을 수 있었다. 삐삐는 스웨덴에서 가장 가난한 마을에서 태어난 영웅이다. 금화가 잔뜩 들어 있는 보물상자에다가 어른들도 꼼짝 못하게 하는 괴력까지 지녔으니 삐삐는 가난한 어린 소녀가 상상할 수 있는 완벽한 존재가 아니고 무엇이겠는가?

그런데, 21세기 부자 나라 스웨덴에도 여전히 '삐삐'가 필요한 모양이다. 나는 전 세계적으로 수천만 부가 팔리고 영화로까지 제작된 스웨덴 범죄 소설 『밀레니엄』의 주인공 리스베트 살란데르의 모습에서 괴력을 지닌 새로운 모습의 삐삐를 본다. 실제로 『밀레니엄』의 저자 스티그 라르손은 아스트리드 린드그렌의 광팬이었다. 『밀레니엄』의 남자 주인공 이름인 블롬크비스트(Blomqvist)는 아스트리드 린드그렌의 작품 『탐정 블롬크비스트』의 주인공인 열세 살짜리 소년 이름에서 따왔을 정도다. 그런데, 예전 가난했던 시절의 삐삐는 근심 걱정 없이 태평했

삐삐마을에 사는 인형들. 명랑하고 우스꽝스러운 풍경을 보기만 해도 즐거워진다.

삐삐마을의 건물들은 실제 건물보다는 작아서 아기자기하지만 들어가서 살아도 될 만큼 아주 튼튼해 보인다.

삐삐마을. 인공적인 알록달록함은 없지만 사실적이고 아기자기한 동화나라다.

삐삐마을 안에 있는 뗏목을 타고 건너는 체험 놀이.

고 쾌활하기 그지없었는데, 세계에서 가장 훌륭한 복지국가에서 사는 21세기 삐삐는 슬프고 견딜 수 없이 힘든 만신창이의 몸으로 살았다. 동화와 범죄 소설의 차이라고 간단히 치부해버리기에는 뭔가 곱씹어볼 만한 의미가 있다.

  21세기의 삐삐는 불행해도 내가 21세기 스웨덴이 특별히 마음에 드는 이유가 몇 가지 있는데 그중 하나는 아이들에게 참 친절한 나라라는 것이다. 아이들에게 집중된 복지 혜택은 말할 것도 없고, 소소한 면에서도 아이들을 챙긴다. 예를 들면 스웨덴의 모든 마트의 과일 코너 옆에는 배고픈 아이들이 마음대로 먹을 수 있도록 바나나를 가득 담은 바구니가 놓여 있다. 별 것 아닌 것 같지만 처음 스웨덴에 왔을 때 퍽 감동적인 풍경이었다. 또한 스웨덴의 놀이동산 같은 곳에는 아이들의 떼를 담보로 부모들의 지갑을 열게 해서 폭리를 취하는 상인들도 없다. 캐릭터 상품들도 별로 없고 심지어 삐삐마을 안의 레스토랑 음식 값이 일반 레스토랑 음식 값에 비해 싸게 느껴질 정도였다.

삐삐가 닐스를 만났다면 어땠을까? 뭐든 자기 멋대로 해야 하는 막무가내 소녀인 말괄량이 삐삐는 꼬마요정이 된 닐스를 집에 잡아두고 친구 삼으려 했을 것 같다. 아니, 자기도 여행을 따라가겠다고 덤볐을지도 모른다. 삐삐라면 날아가는 기러기인들 못 쫓아가겠는가? 둘이 동행했다면 여행이 더 재미있었을 테지만 삐삐를 탄생시킨 아스트리드 린드그렌이 태어난 1907년은 닐스가 이미 여행을 무사히 마치고 고향에 돌아와 착한 아들로 살고 있었을 때였으니 아쉽게도 둘은 만나고 싶어도 만날 수 없는 사이였다. 둘은 서로의 친구는 될 수 없었지만, 스웨덴은 물론 전 세계 어린이들의 절친한 친구가 되고 있다.

유리왕국
가난한 노동자들의 옛 쉼터

스몰란드에 '유리왕국'이 들어선 가장 큰 이유는 목재, 토탄, 석영 등 유리의 주요 원자재와 수력과 인력이 풍부했기 때문이다. '유리왕국'이라는 어여쁜 이름은 1960년에 관광객을 끌어들이고 생동감 있는 문화 공간으로 발전시키려는 당국의 의지에 따라 붙여졌다.

1742년에 세워진 코스타 보다(Kosta Boda)는 스웨덴에서 가장 오랜 역

코스타 보다 갤러리 입구.

사를 자랑하는 명품 유리 제품의 대명사로 오랫동안 스웨덴 내 유일한 유리공장이었다. 19세기 중반을 넘어서면서 50개 정도 되는 다른 유리공장들이 주변에 생겨났고 현재의 유리왕국이 형성되었다. 이곳에 오면 멋진 수제 유리제품들을 질리도록 구경할 수 있다. 그러나 50여 개 공장을 다 돌아볼 여유도, 이유도 없었으므로 딱 한 군데, 코스타 보다만 방문하기로 했다. 울창한 숲 사이 이리저리 난 깔끔한 국도를 달려 코스타 보다 공장에 도착했다.

  주차장에 차를 세우고 코스타 보다 공장을 향해 올라가는데, 벽면이 유리로 된 건물이 보였다. 호텔이었다. 크지는 않았지만 아주 호화로워 보였다. 코스타 보다가 명품임을 예고하고 있는 듯했다.

  코스타 보다 갤러리에는 유리로 화려해질 수 있는 모든 것이 있었다.

코스타 보다 유리공장 작업실에서 일일이 수작업으로 유리 제품을 만드는 기술자. 이러니 제품 가격이 비쌀 수밖에 없다.

초창기부터 스웨덴 왕실 식기에는 모두 코스타 보다 직인이 찍혀 있었고 러시아 황제의 식탁에도 코스타 보다가 올라갔으며 현재 스톡홀름 왕궁의 유리창도 모두 코스타 보다에서 조달했다고 한다.

코스타 보다의 작업장을 보니 다른 분야와 달리 유리 공정만큼은 비약적인 기계와 기술 발전의 혜택을 거의 받지 못한 듯싶었다. 커다란 작업장에 여러 팀들이 각각의 용광로에서 하나하나 수작업으로 유리 제품을 구워내고 있었는데, 정말이지 이곳에서 생산되는 유리 제품은 비쌀 만하다는 생각이 들었다. 내 힘으로는 들지도 못할 것 같은 커다란 유리덩어리를 긴 막대에 꽂아 용광로 속에 집어넣었다 식혔다 또 집어넣고 빼기를 수십 번은 반복했다. 그래서 아름다운 유리 그릇 하나가 탄생했는데, 함께 구경하던 관광객들이 모두 박수를 쳤다.

 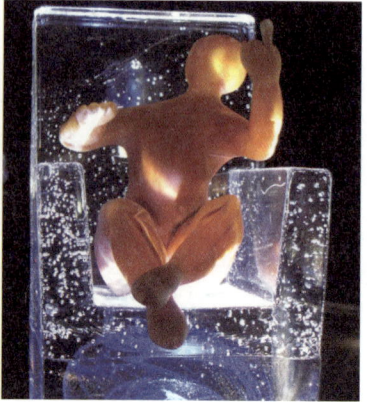

코스타 보다에서 만들어진 멋진 유리 작품들.

 지금 유리공장 작업장은 유리공예 디자이너와 유리 공정의 전문 기술자 등 다섯 명이 한 팀이 되어 작품을 만드는 일에 몰두하는 장소지만 예전에는 단순한 작업장이 아니었다. 춥고 배고프던 시절, 오후 3시만 되면 어두워지는 북구의 긴긴 겨울밤에 노동자와 사냥꾼, 방랑자 같은 사람들이 모여 술판을 벌이던 곳이었다. 마을 공동체의 허브라고나 할까! 이들은 낮에 유리를 녹였던 불기운이 남아 있는 용광로 둘레에 모여 앉아 몸을 녹이며 이야기를 나누고 남아 있는 불기에 음식을 익혀 먹으며 노래를 불렀다. 흥이 오르면 춤도 추었을지 모른다.

 지금은 이 모임을 흉내 내어 유리공장 작업장에 긴 테이블을 가져다 놓고 방문객들을 위해 힛실(Hyttsil)이라는 청어 요리 파티를 한다. 주요 메뉴는 염장 청어와 훈제 소시지, 구운 감자와 감자 만두, 그리고 항상 스웨덴 요리 한 귀퉁이를 차지하는 링곤베리(월귤)잼을 곁들인 스몰란드 전통 음식이 나오는데, 특히 링곤베리잼은 오랜 세월 스웨덴 사람들에게 비타민을 제공하는 건강 지킴이였다.

우리가 가을이 되면 집집마다 김장을 하듯, 링곤베리 수확철인 늦여름이면 스웨덴 각 가정에서는 겨울을 나기 위해 링곤베리잼을 만든다. 지금도 많은 요리, 특히 고기 요리에는 이 새콤달콤한 링곤베리잼이 반드시 곁들여진다. 대부분의 유리공장들은 날짜를 정해 힛실 파티를 제공하는데, 나는 코스타 보다에 약 3주 전에 예약했다. 밤에 있을 힛실 파티에 자못 기대가 컸다.

힛실 파티는 저녁 7시에 시작한다. 남편과 아이들은 힛실 파티에서 제공된다는 음식들에 아주 시큰둥한 반응을 보였었다. 거칠고 짠 스웨덴 음식을 뻔히 아는데 그 값이면 다른 레스토랑에 가는 게 낫지 않겠냐는 것이었다. 그러나 나는 한 번의 경험은 늘 유의미함을 강조하며 모두의 입을 다물게 했는데, 정말 한 번 이상은 못 먹을 음식이었다.

염장 청어는 나트륨 함유량이 그야말로 젓갈 수준이었다. 소시지는 그저 소시지, 구운 감자는 그저 구운 감자에 불과했다. 두꺼워서 질감은 좋았던 베이컨에서는 돼지 냄새가 났고, 과자 같은 빵 크네케와 링곤베리잼이 전부였다. 음료수도 포함되지 않은 이 메뉴의 가격이 어른 한 명에 400크로네(약 6만 원)였다. 아이들은 크네케와 소시지 몇 개만 집어 먹으면서 나를 쳐다보았다. 이 숲 속에 저녁 식사 대안은 없음을 이들은 알고 있다. 염장 청어의 나트륨 함유량을 몰랐던 나는 두 마리를 접시에 담아 왔는데, 둘째가 너무 짜다며 자기 접시에 있던 것을 내 접시에 한 마리 더 올려놓았다. 혀끝에 닿으면 혀가 절여지는 듯했으니 웬만하면 음식을 남기지 않으려 했으나 차마 먹을 수 없었다.

후식으로 케이크와 크림이 나왔는데, 케이크는 달지 않아 좋았지만 섬유질 같은 질감으로, 이토록 거친 케이크도 있구나 싶었다. 함께 참

헛실 파티에서 음식을 담고 있는 참가자들.

헛실 파티의 하이라이트. 순수 자연인인 노동자들의 격의 없는 공연이 바로 이것이다.

석한 사람들은 약 50명이었다. 내 옆자리 독일인 청년을 빼면 모두 스웨덴인으로 보였는데, 이들은 어떤 음식이 나오는지 알고도 왔을까 궁금했다. 알고보니, 힛실 파티의 의미는 예전 그대로의 맛을 유지하는 것에 있기 때문에 메뉴도 맛도 절대 변하지 않는다고 한다.

바로 다음 순간 힛실 파티의 진수는 먹는 게 아님을 알게 되었다. 짜고 거친 음식이 식탁에서 치워지고 중년 아저씨들의 공연이 시작되었는데, 첫곡이 'What a Wonderful World'였다. 아! 내 마음이 확 녹아버렸다. 그 뒤에 줄줄이 이어지는 아는 노래 모르는 노래에 모두 몸이 흔들거릴 만큼 흥이 생겨났다. 그들이 음률에 따라 노래를 부르는 게 아니라 그들의 노래에 음률이 맞춰지는 듯, 어떤 장단도 어떤 흔들거림도 그들의 노래에 잘 들어맞았다. 가수 아닌 이들의 서툰 노래였으나 유리 공장 작업장에 딱 들어맞는 그들 마음대로 부르는 그냥 자연인의 노래였다. 함께 있던 사람들 모두 금세 동화되었고 한 명은 급기야 무대에 올라가서 팀파니를 두드리며 장단을 맞추었다.

아! 옛날 사람들은 이렇게 혹독한 겨울을 보냈겠구나! 아무렇게나 노래를 지어 부르면서, 아무렇게나 몸을 흔들면서, 아무렇게나 추위를 달래면서, 아무렇게나 마음을 녹이면서, 또 서로 녹여주면서, 그냥 마음 가는 대로 아무렇게나!

Taberg & Huskvarna

5장. 희대의 사기꾼 성냥왕
타베리와 후스크바르나

타베리와 후스크바르나, 4월 15일~4월 16일

납치당했던 닐스와 기러기들이 다시 만난 곳은 타베리산이었다. 다시 만난 그들이 얼마나 떠들썩하게 기뻐했는지 온 산이 다 흔들릴 정도였다.

타베리산 정상에서 바라본 베테른 호수는 푸르른 빛을 품고 있는 듯 찬란하게 반짝였으며 그 빛이 닿은 숲과 언덕 그리고 호숫가에 자리잡은 도시 옌셰핑의 작은 집들과 탑들은 흡사 보석 같았다.

다시 여행길에 올라 자유로이 하늘을 훨훨 날아가는 닐스와 기러기들에게 광석을 캐는 광부들, 공장의 일꾼들, 성냥공장에서 일하는 아가씨들, 병원의 환자들과 학생들은 자신들도 데리고 가달라고 부탁했다. 그러나 닐스는 "올해는 안 돼요, 내년에 봐요."라고 대답했다.

할머니의 농장을 떠나 얼마쯤 날아간 닐스와 모르텐은 꼭대기가 평평한 높은 산을 보았다. 까마귀에게 납치당한 닐스를 찾으면 만나기로 약속했던 장소가 바로 이곳 타베리(Taberg)산 꼭대기였다. 갑자기 사라져 생사를 알 수 없었던 닐스를 다시 만난 기러기들은 소리를 지르며 반가워했다.

타베리산은 스웨덴에서 두 번째로 큰 호수인 베테른(Vättern) 호수 남쪽, 스웨덴 남부 지역 중간 지점에 자리 잡고 있다. 마을 중심에 솟아 있는 타베리산은 닐스의 눈에는 높아 보였는지 모르겠지만 해발 343미터의 야산에 불과하다. 이런 야산을 정상 부근까지 차를 타고 가는 게 좀 민망했지만 이후 계속될 여행을 위해 에너지를 비축하기로 했다.

차를 탔건 걸어갔건, 산의 정상에서 느끼는 기쁨은 크게 다르지 않았다. 야산이었지만 정상에 오르자 뜻밖에도 온 세상이 다 보이는 듯 시

품고 있던 광물을 빼앗긴 탓인지 기울어져 보이는 타베리산.

야가 넓었다. 어디를 보아도 짙은 초록빛과 연한 하늘빛뿐이었으니 그 상쾌함이란 이루 말할 수가 없었다. 하지만 스몰란드가 왜 농민에게 척박한 땅인지 한눈에 알게 되었다. 눈앞에 펼쳐진 저 아름다운 초록빛 숲은 곡식이 자라기 어려운 땅이기 때문이다. 가난한 농부의 아들 닐스의 눈에는 곡식 한 톨 심을 수 없는 거무스레한 울창한 숲이 너무도 성의 없이 아무렇게나 만들어진 땅으로 보였다. 그는 무심코 릴레 마츠가 말해준 스몰란드의 창조에 얽힌 전설이 사실일 거라고 생각했다. 스몰란드는 하느님이 아닌 베드로의 작품임이 분명하다.

　타베리산은 농민들에겐 인색했지만 광부들에겐 풍부한 일거리를 제공했다. 타베리산은 수백 년 간 철광석을 생산해온 광산이었다.

　"이게 바로 타베리산 철이로군!"

근세 프랑스 파리의 어느 대장간에서 총알 만드는 대장장이의 입에서 나온 탄성인데, 그만큼 타베리산에서 품질 좋은 철이 생산되었다는 얘기다. 16세기까지는 산발적으로 채취되다가 17세기 초에 스웨덴을 유럽 내 열강의 반열에 오르게 한, 일명 '북방의 사자'라 불린 구스타브 2세 아돌프 대왕 시절 광산 지역으로 지정된 이후 채굴 규모가 훨씬 커졌다. 타베리와 후스크바르나 주변의 철광 산업에서 배출된 숙련된 기술자들은 철사를 만들어내는 등 당시 기술 산업에 혁신적인 변화를 가져왔다고 한다.

그런데 타베리산의 철광석이 제대로 채굴되어 사용된 것은 제2차 세계대전 동안, 그리고 그 이후 15년 동안이다. 이때 채굴된 철광석의 양이 지난 300년 동안 채굴된 철광석의 양을 다 합친 것보다 훨씬 많았다고 한다. 이 철광석들은 대부분 독일에 수출되어 히틀러의 군수물자로 사용되었으니, 품질 좋은 타베리산 철로 만든 총알은 수많은 유대인과 연합군 병사들의 목숨을 앗아갔을 것이다.

1970년대에는 철과 합금하면 아주 단단한 물질이 되는 새로운 원소인 바나듐이 발견되어 채굴하자는 움직임이 있었으나 타베리산의 자연과 역사를 보호하자는 여론이 조성되었다. 1986년 스웨덴자연보호협회가 채굴권을 산 뒤, 더 이상은 개발이란 명목으로 산이 훼손당하지 않았다.

기러기들과 닐스가 만났던 산꼭대기에 지금은 간단한 음식을 파는 레스토랑과 미니 골프장이 자리 잡고 있다. 마침 나들이를 나오신 나이 든 할아버지 할머니들이 곳곳에서 한들거리고 계셨다. 사방이 탁 트여 가슴이 시원해지는 맛이 아니라면 딱히 소풍 오기 좋은 장소는 아니다

타베리산 정상에서 내려다본 풍경. 결코 높다 할 수 없는 타베리산 정상이건만 시야는 이렇게 넓었다.

싶었는데, 문득 이 할머니 할아버지들은 광산에 얽힌 추억을 가진 세대라는 생각이 들었다. 아버지나 할아버지가 타베리산의 광부였다면, 그래서 가끔 도시락 심부름을 했다면 이분들에게 타베리산은 단순한 나들이 장소가 아닐 것이다.

타베리산에서 옌셰핑(Jönköping)을 지나 후스크바르나까지 이어지는 지역은 20세기 중반까지 스웨덴의 주요 공업 지역이었다. 특히 옌셰핑은 성냥공장으로 유명한 도시이다. 스웨덴이 성냥산업으로 유명한 나라라는 것을 처음 알았다. 스웨덴, 하면 뭔가 첨단산업으로 유명하리란 선입견이 있었던 모양이지만 19세기 당시에 안전성냥의 개발은 굉장한 발명이었다. 1844년, 성냥에 사용되던 위험 물질인 황린을 적린으로 대체한 안전성냥을 발명하여 특허를 획득했고, 1855년에는 생산 단가를 낮춰 실용화시켰다. 파리에서 개최된 세계박람회에 출품한 뒤 새로운 안전성냥으로 특허를 받고 1857년부터 본격적인 생산에 돌입하면서 스웨덴의 성냥산업은 크게 성장했다.

당시 성냥산업은 대부분 수작업으로 이루어졌기 때문에 많은 노동력이 필요했는데, 오늘날 스웨덴에서는 상상도 할 수 없는 일이지만, 성냥공장에서 일하던 노동자의 절반 이상이 어린아이였다. 약 1,860명의 어린아이들이 하루 10시간씩 어른들과 똑같이 일하고 임금은 어른의 3분의 1을 받았다고 한다.

그런데, 스웨덴 역사에서 '성냥' 하면 반드시 떠오르는 인물이 있다. '성냥왕'이라 불리는 이바르 크뤼예르(Ivar Kreuger, 1880~1932)다. 그는 옌셰핑에 당시 세계 최대 규모의 성냥공장인 '스웨덴 성냥회사'를 세우고, 놀라운 수완으로 전 세계 성냥시장을 독점하다시피 했다. 동시에,

'성냥왕' 이바르 크뤼에르. 성냥으로 떼돈을 번 희대의 거물이지만 전 세계를 덮친 대공황의 여파로 파산하고 자살이라는 비극으로 생을 마감했다(사진 출처 : 위키피디아).

사기에 가까운 놀라운 금융 수법으로 세계 금융시장을 쥐락펴락하며 수많은 기업체를 거느린 세계 경제계의 거물로 성장했는데 1929년 뉴욕 금융시장 붕괴에 따른 대공황의 여파로 파산했다.

결국 이바르는 1932년 파리에 있는 자신의 아파트에서 주검으로 발견되었다. 당시에는 자살로 발표되었지만 그 후 암살이라는 주장이 제기되기도 했다. 자살이든 암살이든 그의 파산으로 실업자 수가 신기록을 세웠고, 스웨덴 사회도 어마어마한 타격을 받았으니, 죽지 않았다고 해도 멀쩡히 살아가기는 쉽지 않았을 것이다. 희대의 금융사기범으로 불리기도 하는 그의 개인 빚 규모는 당시 스웨덴 전체 예산보다 많았다고 한다.

한국에서는 성냥이 점차 사라져간다고 하지만 스웨덴 사람들은 여전히 성냥을 많이 사용한다. 이들이 촛불을 좋아하기 때문이다. 오후만 되어도 벌써 어둑어둑해지는 겨울이 오면 마트 곳곳에서 양초를 산더미처럼 쌓아놓고 판다. 도무지 전등을 켤 필요가 없이 낮이 긴 여름에도 여전히 양초는 마트에서 넓은 자리를 차지하고 있다. 저 모든 양초 심지에 불을 붙이려면 많은 성냥개비가 필요하리라.

옌셰핑을 지나 북쪽을 향해 약 5킬로미터 정도 달려가다 보면 후스크바르나(Huskvarna)시에 후스크바르나(HusqvarnaAB)라는 회사를 보게 된다. 발음은 같지만 철자는 다르다. 타베리산의 채굴이 활발했던 시절, 광산 주변에 주로 광부들이 살았던 것처럼 후스크바르나 시민들은 대부분 후스크바르나 회사와 연관된 일을 하며 산다. 17세기 말부터 18세기 중엽까지 원래 소총 만드는 공장이었다가 후에 재봉틀과 자전거를 만드는 공장으로 바뀌었다. 지금은 숲이 많은 스몰란드에 있는 회사답게 정원 트랙터, 잔디깎기 로봇, 동력 사슬톱, 다이아몬드 절삭기 등을 생산하는 세계적으로 유명한 중장비회사로 발전하였다. 후스크바르나 역시 여느 스웨덴의 도시처럼 조용하고 아주 깔끔했는데, 자급자족하는 도시라는 생각에 뭔가 풍족한 느낌이 들었다.

그러나 닐스가 기러기 떼와 여행을 하던 시절, 이 주변에 살던 사람들은 갑자기 공장 노동자가 되어 고달픈 나날을 보내고 있었다. 닐스와 기러기 떼가 타베리산을 떠나 다시 여행길에 오른 아름다운 봄날, 고된 일을 하다 고개를 들어 하늘 높이 날아가는 기러기를 본 타베리산의 광부, 옌셰핑의 공장 노동자들, 성냥공장에서 일하는 아가씨들, 그리고 병원의 환자들, 후스크바르나 계곡에 있는 학교의 학생들 모두 큰 소리로 이렇게 물었다.

"어디로 가고 있니?"

닐스는 다음과 같이 대답했다.

타베리산 광부에게는 "곡괭이와 망치가 없는 곳으로요!"

엔셰핑 공장 노동자들에게는 "기계도, 증기솥도 없는 곳으로요!"

성냥공장에서 일하는 아가씨들에게는 "불도, 성냥도 필요하지 않은 곳으로요!"

병원의 환자들에게는 "병도, 근심도 없는 곳으로요!"

그리고 학생들에게는 "책도, 숙제도 없는 곳으로요!"

모두들 자기들도 데리고 가달라고 소리쳤지만 닐스는 "올해는 안 돼요!"라고 대답했다.

그로부터 약 100년이 지난 오늘날 스웨덴은 얼추 닐스가 말한 곳으로 변해 있다는 생각이 들었다. 광산은 물론 대부분의 공장은 기계화되어 더 이상 사람의 강도 높은 노동력을 필요로 하지 않는다. 즉 망치와 곡괭이가 필요 없다는 말이다. 빛과 열은 전기가 만들어내므로 촛불을 켤 생각이 아니라면 불도 성냥도 필요 없다. 세상에 근심이 없는 곳은 없겠지만, 의료복지가 잘 되어 있으니 병에 걸려도 돈이 없어 치료를 받지 못해 죽는 일은 없을 거다. 휴가 떠난 의사를 기다리다 수술 시기를 놓쳐 죽는 환자는 가끔 생기지만 말이다. 그리고 스웨덴 학교는 숙제를 내주지 않는 것으로 유명하다. 게다가 책은 비싸서 사기도 어렵다. 굳이 덧붙여 말하자면 스웨덴 청소년들은 한심할 정도로 공부를 하지 않는다. '공부 1등하면 뭐가 좋으냐'고 반문하니 할 말이 없다.

닐스와 기러기 무리가 타베리산에서 잠시 머문 뒤, 엔셰핑과 후스크바르나를 거쳐 날아간 곳은 새들의 천국이라는 토케른 호수다. 우리도 닐스처럼 엔셰핑과 후스크바르나에 간단히 인사하고 곧장 토케른(Tåkern) 호수로 향했다.

Östergötland

6장. 고집스러운 농부의 땅
동예틀란드

동예틀란드, 4월 17일~4월 23일

닐스와 기러기들은 후스크바르나에서 북쪽으로 날아가 토케른 호수에 도착했다. 토케른 호수는 스웨덴에서 가장 넓고 훌륭한 새들의 보금자리인데, 사람들은 호수를 농경지로 개간할 계획을 세우고 있었다. 그러나 어린 청둥오리 야로와 야로를 사랑한 네 살짜리 어린 소년 페르 올라 덕분에 호수 간척 사업은 취소된다.

옛날 옛날에 미래를 내다보는 울보사 공작 부인이 동예틀란드는 용감하고 고집 센 농부가 영원히 땅을 지키게 되리라고 예언했다. 그러나 하늘 높이 날며 거대하게 펼쳐진 동예틀란드의 평원을 보던 닐스는 이곳에는 농부가 없는 것 같다고 생각한다. 멋진 영주들의 저택만 보이기 때문이었다. 그런데 기러기들이 큰 소리로 알려주었다.

"이곳에는 영주들 같은 농부들이 살고 있어!"

사람들은 봄맞이를 하느라 분주했다. 칠장이와 석수들이 집을 수리하고 하녀들은 창문 밖으로 몸을 내밀고 유리를 닦았다. 항구에서는 돛단배와 증기선들도 정비 중에 있었고, 예타 운하의 둑을 다지고 거대한 수문에 타르를 칠하는 일꾼들의 모습도 보였다.

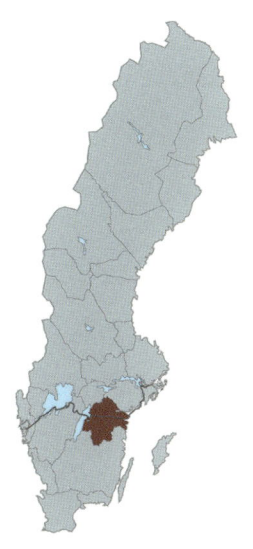

옛날 옛날에 동예틀란드의 울보사 장원에는 미래를 내다보는 공작부인이 살고 있었다. 기러기들과 아직 토케른 호수에 머물던 닐스는 어느 날 잠을 자다 우연히 한 농부와 어부가 나누는 대화를 엿듣게 되었는데, 내용인즉 이 공작부인이 예언한 동예틀란드의 미래에 관한 것이었다. 그것은 아버지가 가장 사랑하는 아들에게만 알려주는 가족 대대로 내려오는 일종의 전설이었다.

어느 날 공작부인이 물레로 실을 잣고 있었는데, 한 가난한 농부가 너무나 알고 싶은 일이 있다며 공작부인을 찾아왔다. 그는 자신이 가장 사랑하고 소중하게 생각하는 동예틀란드의 미래가 어떻게 될 것인가 물었고, 만약 그 미래가 밝다면 죽는 날까지 행복할 것 같다고 했다.

공작부인은 다행스럽게도 동예틀란드는 영원히 다른 지방보다 앞서 나갈 수 있는 무엇인가를 갖게 되리라는 좋은 대답을 해주었다. 농부는 기쁜 표정을 지으며 보다 구체적인 대답을 해달라고 요청했다. 이에 공작부인은 스웨덴에서 가장 아름다운 교회와 가장 성스러운 수도원, 가장 화려한 보석 같은 성, 제철소와 제련소, 크고 웅장한 저택들, 어마어마한 운하 등 미래의 동예틀란드에 생겨날 많은 좋은 것들을 말해주었다. 그러나 농부는 이 대답에 만족하지 않았다. 이런 것들은 언젠가는 그 빛을 잃거나 변하고 사라질 수 있는 것이어서 동예틀란드의 명성이 오래갈 수 없을 것이라고 주장했다.

그러자 공작부인은 마지막으로 이렇게 대답한다.

"모든 것이 다 변해도 변하지 않을 것이 하나 있네. 바로 자네 같은 고집 세고 도도한 농부들이 영원히 있게 될 걸세!"

그제야 농부는 행복한 표정으로 좋은 예언에 감사를 표했다. 그리고 농부는 이렇게 덧붙였다.

"아무리 훌륭하다고 해도 사람들이 짓고 만드는 모든 것들은 그저 잠깐 빛날 뿐입니다……. 고집스럽고 명예를 사랑하는 농부들만이 예부터 전해온 명예를 지킬 수 있을 것입니다. 허리를 굽히고 땅을 일구는, 영원히 끝나지 않을 일을 하는 사람들만이 그 땅을 명예롭게 지켜나갈 테니까요."

정말 맞는 말이다. 그러나 스웨덴은 농부가 지탱하는 나라는 아니다. 아무리 땅을 일구고 개간을 한다 해도 척박한 땅이 어디 가겠는가? 장을 보러 가면 안다. 스웨덴 마트에는 전 세계 농산물이 다양하게 포진해 있다. 스페인산 오렌지, 남아프리카산 포도, 이탈리아산 키위, 브라질산 멜론, 중국산 생강, 콜롬비아산 바나나, 이스라엘산 감 등등. 스웨덴 농작물이 차지하는 비율은 20%도 채 안 된다. 감자와 양파, 제철 오이, 사과, 배, 그리고 링곤베리, 블루베리 등 베리류가 생산될 뿐이니 사람들의 다양한 입맛을 충족시키려면 신토불이가 불가능한 나라다.

울보사 공작부인은 수입 농산물이 온 스웨덴 땅을 덮으리란 것까지는 내다보지 못한 모양이지만, 그녀는 전설 속에 등장하는 인물이 아니다. 실제 예언가로 상당한 명성을 날린 성녀 비르기타(Birgitta, 1303~1373)이다. 그녀는 유럽의 여섯 수호성인 중 한 명으로 지목되어 전 유럽에 이름을 알린 최초의 스웨덴 사람이기도 하다. 부유한 귀족 출신인 그녀는 13살에 울보사 가문의 남자와 결혼해서 여덟 명의 아이를 낳았다.

그녀는 신의 계시를 받아 당시 왕이었던 마그누스 에릭손에게 스웨덴을 어떻게 다스려야 하는지 조언했다. 그러나 마그누스는 평소 자신의 애정 행각에 나쁜 소문을 퍼뜨린 비르기타의 말을 들은 척도 하지 않았는데, 그녀의 무시무시한 예언을 무시한 죄로 끔찍한 최후를 맞이했다. 전설인지 사실인지는 모르겠으나 그녀의 예언은 다 들어맞아서, 당시 유럽을 돌아다니던 죽음의 사자 흑사병이 스웨덴에 상륙했고, 날씨는 더 사나워져서 몇 년째 흉년이 들었다. 또한 덴마크로부터 스코네 땅을 사들여 국고를 탕진하자 부당하게 세금을 올려 농민뿐 아니라 귀족과 교회의 원성을 샀으니 마그누스는 몰락의 조건을 제대로 갖춘 셈이었다. 결국 그는 자신의 반대 세력이 옹립한, 자신의 조카이자 독일의 왕자인 알브레히트 메클렌부르크(Albrecht Mecklenburg)에 의해 왕위를 박탈당하고 감옥에 갇히는 신세가 되고 말았다. "내가 뭐랬어?" 성녀 비르기타의 비아냥거림이 들리는 듯 하다. 그녀가 본 환시는 성화(聖畫)에 큰 영향을 미쳐 오늘날 우리가 그림에서 보는 아기 예수의 모습들은 그녀가 설명한 환시에 근거한 것들이 많다.

동예틀란드에 고집스러운 농부가 살고 있는지 어떤지는 알 수 없지만 차창을 비껴가는 풍경으로는 농경지가 많았고 군데군데 게으르게 서 있는 말들과 소들이 보였다.

토케른 호수
최선의 자연보호책은 무엇일까

스웨덴에 이렇게 많은 새들이 사는지 몰랐다. 좀 살펴보니 스웨덴은 새들이 살기에 천혜의 조건을 갖추고 있었다. 인구는 적고 땅덩이가 넓어 내버려두는 곳이 많고, 호수와 늪지가 많아 새들의 먹이 환경이 좋을 뿐 아니라 위치 역시 북쪽 지방으로 가는 철새들의 나들목이다. 스웨덴 남부 지역에만 새들의 서식지로 보호받는 곳이 일곱 개인데, 토케른 호수도 그중 하나다. 후스크바르나를 벗어나 베테른 호수 동쪽 지역을 따라 길게 뻗은 4번 고속도로를 타고 30분쯤 북쪽으로 올라가다 50번 국도로 접어들어 10분 정도 올라가면 옴베리(Omberg)산과 토케른 호수가 나온다.

1844년에서 1846년 사이, 토케른 호수의 수심이 갑자기 낮아져 고작 0.8미터 정도밖에 되지 않았다. 이 넓은 호수의 수심이 1미터도 되지 않으니 사람들은 호수에서 물을 빼고 경작지로 만들어 농사를 지으려고 했다. 숲만 잔뜩 있고 농사 지을 땅은 부족했으니 이런 생각도 할 만하다. 호수가 넓어 물을 빼내는 일이 쉽지 않아 일단 보류되었지만 사람들의 머릿속에는 언제든 호수를 개간해서 농사를 짓겠다는 생각이 남아 있었다. 그러나 토케른 호수 주변의 야트막한 갈대숲은 새들에게 천적의 위협으로부터 몸을 가릴 수 있는 보금자리를 만들어주고 조그만 생물들은 새들의 먹이가 되었으니 새들에게 이보다 좋은 환경은 있기 어려웠다. 그러나 농사 지을 땅이 필요했던 사람들에게 새들의 서식지 따위가 안중에 있을 리 없었다. 할 수만 있다면 어서 빨리 호수를 메우고 싶어 했으니 새들은 언제 보금자리를 잃게 될지 모르는 일이었다. 20세기 초, 닐스가 여행을 다닐 때만 해도 자연을 보호하자는 쪽보다 어디든 개발을 해서 먹고 살아 보자는 쪽의 움직임이 더 컸다.

닐스가 여행을 다니던 즈음, 토케른 호수에는 야로라는 어린 청둥오리가 살았다. 어느 날 사냥꾼의 총에 맞은 야로는 한 농장 여주인의 따뜻한 보살핌으로 살아나 그들과 한 집에서 살게 되었고, 새들에게 가장 무서운 존재인 사냥개 케사르와도 절친한 친구가 되었다. 야로는 사람들과 함께 지내는 것이 몹시 행복했다. 그러나 건강을 되찾자마자 야로는 올가미에 묶인 채 다른 새들을 불러들여 잡히게 하는 미끼새로 이용되었다. 야로는 절망했다. 역시 인간은 믿을 만한 존재가 못 된다.

야로가 미끼새가 되어 불행한 나날을 보내고 있을 때, 닐스와 기러기 떼가 토케른 호수에 도착했다. 동물 세계의 해결사 닐스가 야로의 올가미를 풀어주었고 야로는 다시 자유의 몸이 되어 호수의 가족과 친구들 품으로 돌아갔다. 그래서 행복하게 살았을까? 아니다. 야로의 이야기는

고요함이 무르익어 있는 한여름의 토케른 호수.

여기서 끝이 아니다.

호수에는 큰 일이 벌어지려 하고 있었다. 앞서 말했던 호수 간척 사업이었다. 사람들은 호수를 메울 구체적인 계획을 세웠고 곧 착수할 태세였다. 이것은 사냥꾼이 몇 마리 새들에게 총을 겨누는 일과는 차원이 다른 문제였다. 새들에게 이보다 더 절망적인 사건은 있을 수 없다. 하지만 현재 토케른 호수는 유럽에서 가장 큰, 자그마치 축구장 2,400개 크기의 갈대밭을 보유하고 새들의 천국이라고 불리며 여전히 건재하지 않은가? 그 뒤에는 이런 배경 이야기가 있다.

야로가 사라진 다음 날, 야로를 너무나 사랑했던 여주인의 아들인 이제 막 네 살이 된 페르올라가 야로를 찾아 호수까지 가게 되었다. 아무리 불러도 야로가 나타나지 않자 페르올라는 호숫가에 묶여 있지 않은 배 하나에 올라탔다. 호수 가운데로 나가면 야로가 자신을 더 잘 볼 수 있을 거라고 여겼기 때문이다.

페르올라를 본 야로는 너무 반가워서 바람처럼 빨리 날아가 그의 곁에 앉았다. '아! 나를 정말 사랑하는 사람이 적어도 한 명은 있었구나!' 다시 만난 둘은 무척 행복했다. 그러나 그 행복의 순간은 금세 위기의 순간으로 변했다. 페르올라가 타고 있던 배가 낡아서 물이 새어드는 것이었기 때문이다.

한편, 페르올라가 없어진 사실을 깨닫고 사람들은 아이를 찾아 동네방네 뒤지고 다녔다. 한동안 찾아다니던 사람들은 페르올라가 물에 빠져 죽었다고 말했지만 아이 어머니는 믿을 수가 없었다. 저녁 내내 갈대와 수로 사이를 아이의 이름을 슬픈 목소리로 부르며 정신없이 헤매고 다녔다. 그때 그녀는 토케른 호수 주변에 살고 있는 수많은 새들의 슬픈 울음소리를 들었다.

"아! 호수가 간척되고 나면 이 수천 마리의 새들이 토케른 호수의 고향을 잃게 되는구나……. 이들은 나중에 새끼를 어디에서 키울까?"

지혜롭고 현명한 기러기 대장 아카는 아이의 어머니가 이런 깨달음에 도달할 때까지 페르올라가 집에 돌아가지 않는 게 낫겠다고 판단했다. 한편 가라앉고 있던 배에서 닐스가 기적적으로 페르올라를 구해주었고, 그 시간 페르올라는 갈대숲 속, 오로지 새들만 아는 은신처에서 닐스와 더불어 최고로 즐거운 시간을 보내고 있었다.

페르올라의 부모가 호수 간척 사업을 중단하기로 결심한 순간, 이 모든 이야기와 페르올라가 어디에 있는지 훤히 아는 사냥개 케사르는 아이의 부모를 이끌고 페르올라가 있는 곳으로 갔다. 아이를 도로 찾은 부모의 마음이 어떠했을까? 토케른 호수의 새들이 즐겁게 지저귀는 소리를 들으며 아름다운 달빛 속에서 엄마 아빠는 페르올라를 안고 집으로 돌아갔다.

인간은 이렇게 뼈에 사무치는 고통을 겪어야만 다른 차원의 것을 감지할 수 있는 새로운 감각이 생겨나나 보다. 토케른 호수에 닿을 때까지 그리 길지 않은 시간 동안 자동차 안에서 아이들에게 야로와 페르올라 이야기를 해주었다.

토케른 호수에 접근할 수 있는 입구는 모두 네 곳인데, 그중 호브(Hov)라는 곳으로 들어섰다. 주차장에 차를 세워놓고 호수로 이어지는 좁은 오솔길을 따라 걸어갔는데, 나는 호수에 다가가면 새들이 지저귀는 소리로 귀가 따갑지 않을까 생각했었다. 그런데 오히려 적막하기만 했다. 토케른 호수에 새들이 몰려드는 시기가 아니었던 것이다. 봄이나 가을

이어야 하고, 그중 가을이 새들을 관찰하기에 최적의 시기라는데, 우리는 뙤약볕이 내리쬐는 7월에 갔으니 날아다니던 새들도 잠시 볕을 피해 숨어 있을 때였다. 스웨덴의 여름 태양은 아주 따갑다. 그늘에 들어서면 송글송글 맺히려던 땀도 바로 날아가버릴 만큼 바람은 상쾌하고 서늘하지만 말이다.

호수 가까이 원두막 같은 조망대가 있어 새들도 관찰하고 도시락도 먹을 수 있었다. 원두막 안은 별로 앉고 싶지 않을 만큼 흙먼지가 쌓여 있었는데 소풍 나온 한 노부부는 아랑곳하지 않고 먼지 쌓인 의자에 앉아 커피와 샌드위치를 꺼내 드셨다. 이런 곳에서는 낯선 사람과 서로 눈인사만 나누어도 마음이 따뜻해진다.

원두막 안에는 새들의 소리와 이에 대한 설명이 녹음되어 있는 오디오 서비스가 있었으나 고장이 나 있었다. 새들의 서식지 보호를 위해 늪지를 내버려두는 것처럼 주변 시설들도 관리하지 않고 내버려두는 모양이다. 지저분한 주변 시설이야 관리인의 게으름 탓이겠지만, 이렇게 호수를 내버려두는 이유는 토케른 호수가 람사르협약(1971년에 체결, 한국은 1997년에 101번째로 가입했다)에 따른 습지보호구역으로 지정되었기 때문이다.

새들의 천국이라는데, 오리 한 마리쯤은 만날 수 있을 줄 알았다. 공원에서 흔히 만나는, 사람들이 던져주는 빵 조각을 찾아 뒤뚱거리며 다니는 길들여진 오리나 거위들이 토케른 호수에도 있을 거라는 어리석은 생각을 나도 모르게 했었나 보다. 어떻게 야생의 새들이 사람에게 접근할 거라는 말도 안 되는 생각을 했는지 모르겠다.

호브보다 더 좋은 전망대가 있다는 곳으로 옮기기로 했다. 이번엔 글

토케른 호수에서 풀밭 관리를 하는 소들. 기계의 발달 덕분에 여유 있는 모습이다.

레노스(Glänås)라는 입구였다. 주차장에 차를 세워놓고 오솔길을 따라 들어가니 늪지 가까운 데 제법 큰 조망대가 있었다. 역시 사람들이 가장 많이 방문하는 입구라더니 호브보다 훨씬 관리가 잘 되어 있었다. 나무로 된 통로가 구불구불 조망대 위까지 뻗어 있었는데 아이들은 통로를 깡충깡충 뛰어 올라갔고 나는 쉽고 빠르게 올라갈 수 있는 계단으로 올라갔다.

적막한 호수를 가만히 바라보았다. 가끔 멀리 날아가는 새들을 바라보고 있는데 한쪽에 몇 마리 소가 풀을 뜯고 있었다. 토케른 호수 주변 목초지는 소와 말 떼가 관리한다더니 역시 우직한 소들이 책임감 있게 일하고 있었다. 그러나 기계 문명의 발달은 사람뿐 아니라 소들의 부담도 덜어주어 요즘엔 기계를 사용하여 풀을 깎기 때문에 소들이 예전처럼 배터지게 풀을 뜯어 먹지 않아도 된다고 한다.

조망대 위에서 보는 호수는 과연 태초의 모습처럼 그냥 그렇게 있었다. 토케른 호수에는 현재 270종이 넘는 새들이 살고 있으며, 100종이 넘는 새들이 매년 번식을 한다. 커다란 호수 위에 군데군데 흩어져 있는 자그마한 갈대 섬들, 뭉게뭉게 흰 구름이 떠가는 푸른 하늘, 드문드문 멀리 날아다니는 새들, 한 폭의 그림 같았다. 그런데 왜 아름다운 풍광을 보면 그림처럼 아름답다고 할까? 지금 보니 자연처럼 그림이 아름답다고 해야 맞을 것 같다.

어떤 새들이 이곳을 서식처 삼아 살고 있는지 어떤 새들이 철 따라 이곳을 지나쳐가는지 알려주는 커다란 그림이 벽에 붙어 있었다. 세상에는 정말 많은 생명체들이 살고 있구나. 이 많은 새들 중 우리가 이름과 생김새만이라도 아는 새가 과연 몇이나 될까? 그들의 섭생이 어떤지 어떤 특징을 가지고 있는지까지는 모르더라도 말이다. 사실 어디 알고 싶은 것이 새들에 관한 것뿐이겠는가? 이렇게 많은, 알고 싶은 것들을 다 알지 못하고 고작 몇 십 년 살다 죽을 수밖에 없는 인간의 운명이 안쓰러웠다.

예타 운하
스웨덴의 최대 건설 실책

16세기 이래, 그러니까 스웨덴 건국의 아버지라 불리는 바사 왕 때부터 스웨덴 왕들은 국토를 가로지르는 거대한 물길을 꿈꾸었다. 주로 외레순이나 북해, 발트해 등 바닷길을 갈 때 맞닥뜨리는 덴마크 함대의 공격과 외레순 세관을 피하기 위해서였다. 그리고 온 나라에 거대하게 펼쳐진 숲들 사이로 강과 호수가 포진해 있으니 물길이 연결되어 있다면 험한 숲을 헤치며 걸어가는 것보다 훨씬 빠르고 쉬울 것이었다. 실제로 19세기 중반까지 수상교통이 가장 중요한 운송수단이기도 했다.

1809년 스웨덴 의회에서 꿈의 프로젝트, 예타 운하(Göta kanal) 건설을 확정했다. 스웨덴은 바사 왕 이래로 매 세기마다 거대한 프로젝트를 하나씩 수행해왔다. 16세기부터 18세기까지는 보통 큰 성이나 요새를 많이 지어댔는데 이런 거대 프로젝트들은 결국에는 '흰 코끼리(돈만 많이 들고 더 이상 쓸모가 없어진 것을 비유하는 말)'가 되어버리고 말았다. 그중, 가장 거대한 '흰 코끼리'가 19세기 초에 지어진 예타 운하라고 한다.

당시로서는 정말 어마어마한 프로젝트였다. 원래는 베네른(Vänern) 호숫가에 있는 쇼토르프(Sjötorp)에서 출발하여 베테른 호수를 거쳐 동쪽 발트해에 면해 있는 멤(Mem)까지 물길을 만드는 것이었다. 그런데 지금은 스웨덴의 서쪽 해안 도시인 예테보리부터 시작하여 예타 강과 트롤헤탄 운하(Trollhätte Kanal)를 포함, 베네른과 베테른이라는 두 개의 거대한 호수를 거쳐 스톡홀름까지 이어지는 총 길이 614킬로미터의 거대 운하가 되었다. 그야말로 스웨덴의 서해와 동해가 내륙에서 물길로 이어져 있는 것이다.

당초 총 건설 기간 10년, 건축 비용은 50만 릭스달러(riksdalers, 1777년부터 1873년까지 사용된 스웨덴의 화폐 단위)를 예상했는데 실제 건설 기간은 22년, 소요 경비는 예상보다 20배 이상이 더 투입되었다. 당시 산업 선진국이었던 영국으로부터 숙련된 기술자들이 대거 초빙되었고, 10개 연대의 병사 6만여 명이 동원되어 군대식으로 작업이 진행되었다. 병사들

예타 운하의 도개교.

은 새벽 4시에 기상나팔 소리에 일어나 의무적으로 아침 기도를 마치고 5시부터 일을 시작해서 저녁 8시, 일을 마치는 나팔 소리가 들릴 때까지 하루 종일 땅을 파야 했다.

 예산을 훨씬 초과한 엄청난 비용과 노동력이 투입된 이 거대 프로젝트는 1832년 9월 26일 운하 개통식으로 마무리되었다. 그러나 불과 몇 십 년 뒤에 스웨덴 땅에 철도가 놓이고 바다에는 증기선이 부지런히 오가기 시작하면서 운하의 이용 가치는 급격히 하락하기 시작했다. 그렇게 피하고 싶었던 외레순의 관세는 철폐되었고, 겨울에는 예타 운하가 얼어붙어 운항이 불가능해졌다. 더 이상 예타 운하를 이용하여 지속적인 운송 계획을 세울 이유가 없어진 것이다.

예타 운하를 운항 중인 배.

　운하로 연결되는 수로는 철도가 등장하면서 더 이상 빠른 운송길이 아니었을 뿐만 아니라, 운하의 수문이 자그마치 58개나 되니, 멈춰서 수문이 열리기를 기다렸다가 다시 출발하기를 58번이나 반복해야 한다. 철도의 속도를 아는 운하 이용객들에게는 인내심이 꽤나 요구되는 상황인데, 이로부터 예타 운하는 '이혼 도랑'이라는 불명예스러운 별명까지 갖게 되었다. 부부가 수문이 열리기를 기다리면서 싸우다가 결국 이혼까지 하더라는 것이다.
　육로뿐 아니라 하늘 길까지 열려 있는 오늘날, 실용적 가치는 거의 없는 이 예타 운하는 어떻게 운용되고 있을까? 예타 운하는 관광상품으로 재탄생했다. 예타 운하 홈페이지에 들어가 보면 크루즈를 포함하여 다양하게 개발된 패키지 관광 상품들이 관광객들의 클릭을 기다리고 있다. 물길을 따라 서에서 동으로 스웨덴 남부를 가로지르면서 58개의 수문을 거쳐 천천히 유람하는 노선인데, 대개 유람선을 타는 사람들은 할머니 할아버지들이거나 아시아에서 온 단체 관광객들이다.

아침에 유람선 출발 시간에 맞추어 베리(Berg) 선착장에 갔다. 아침 바람이 싸늘하면서 상쾌했다. 모르텐의 등을 타고 토케른 호수를 떠나 린셰핑(Linköping) 상공을 날면서 닐스는 운하의 둑을 다지고 수문에 타르를 칠하는 사람들을 봤다. 20세기 초까지도 여전히 보수 공사가 필요했던 모양이다. 자동차를 타고 간 우리는 선착장에서 소시지빵과 아이스크림을 파는 상인들과 기계로 수문을 여는 직원들만 봤다.

선착장에는 배를 타려는 사람들과 우리처럼 구경하려는 사람들이 한산하게 서 있었다. 물이 서서히 들어차면서 수위에 맞게 배가 따라 올라가면 천천히 수문이 열렸다. 배가 수문을 통과하니 운하를 가로질러 있던 자동차 도로가 도개교가 되어 양쪽에 걸치고 있던 다리 하나를 하늘을 향해 치켜들었다. 배를 탄 사람들, 구경하는 사람들 모두 이 순간을 놓칠세라 사진을 찍었다.

손을 내밀면 유람선을 탄 사람들과 악수도 할 수 있을 정도로 운하 폭이 좁았고, 이 모든 일이 너무나 근거리에서 일어나서 여행객들을 위한 관광 상품이 아니라 그저 일상생활의 운송 수단 중 하나처럼 여겨졌다. 하지만 한편으로, 시간이 많은 사람들이라면 쉬엄쉬엄 예테보리에서 스톡홀름까지 천천히 58개의 수문을 통과하면서 오늘은 이 도시, 내일은 저 도시에서 묵어가며 물길로 스웨덴 국토를 횡단하는 것도 좋겠다는 생각이 들기도 했다.

닐스는 그저 휙 스쳐 지나간 예타 운하 옆에서 오전을 보낸 다음, 사냥개 카르와 말코손바닥사슴인 그로펠의 아름다운 우정이 서려 있는 쇠데르만란드의 콜모르덴 숲으로 향했다.

Södermanland & Närke

7장. 스웨덴에서도 우세한 상업 논리

쇠데르만란드와 네르케

쇠데르만란드와 네르케, 4월 24일~4월 27일

쇠데르만란드에는 사냥개 카르와 말코손바닥사슴 그로펠의 아름다운 우정이 서려 있는 콜모르덴이라는 울창한 숲이 있다. 실수로 뱀을 밟아 죽인 그로펠은 숲의 평화를 위해 콜모르덴을 떠났는데, 닐스와 기러기들은 그로펠에 대한 그리움으로 쇠약해질 대로 쇠약해진 카르에게, 자신이 이끄는 무리를 위해 장렬한 죽음을 맞이한 어떤 멋진 말코손바닥사슴의 이야기를 담담하게 들려준다.

닐스와 기러기들이 쇠데르만란드를 지나 네르케 지역의 외레브로에 도착한 날은 가축시장이 열리기 전날이었다. 그날은 바람이 심하게 불고 비가 억수로 내렸는데, 이것은 '폭풍의 마녀 카이사'의 못된 장난임이 분명하다. 닐스는 비를 맞고 추위에 떨고 있는 동물들을 동네의 텅 빈 어느 헛간으로 안내했다. 이 헛간은 인색하기로 소문난 젊은 농부의 소유였다. 때마침 불어 닥친 카이사의 바람이 헛간 문을 열어 젖혔고, 동물들은 이 헛간에서 비를 피해 밤을 보낼 수 있었다.

스웨덴 곳곳을 자동차로 여행하면서 항상 느끼는 바지만, 숲이 정말 많고 울창하다. 지금이야 숲에 들어가도 사나운 짐승 이외에 무서울 게 없지만 예전에는 숲을 둘러싼 무시무시한 소문들이 많아 여행객들은 목숨을 신에게 맡기고 숲을 통과해야 했다. 지금 우리가 향해가는 스웨덴 중부 쇠데르만란드 지역의 콜모르덴(Kolmården)이 바로 그런, 죽음의 각오가 필요한 숲이다.

콜모르덴 숲
동물원이 되다

닐스가 여행을 시작하기 12년 전, 콜모르덴의 평화로운 숲에는 카르라는 사냥개 한 마리가 살고 있었다. 그는 어떤 인연으로 그로펠이라는 어린 말코손바닥사슴과 어떤 산지기의 집에서 함께 살게 되었는데, 카르는 어린 그로펠을 자식처럼 돌봐주었다. 어느덧 늠름하게 자란 그로펠이 자신의 고향인 숲도 한 번 보지 못한 채 먼 나라 동물원으로 팔려 가게 되자 카르는 그로펠에게 말한다.

"네 조상들로부터 전해 내려오는 격언이 하나 있단다. '말코손바닥사슴과 숲은 하나다' 그런데 너는 숲에 가본 적도 없구나."

그날 밤, 카르는 그로펠을 숲으로 데려가 숲의 모든 것을 보여 주었고, 자신의 종족들의 거칠고 야성적인 삶을 본 그로펠은 울타리를 박차고 바람처럼 숲으로 달려 나갔다. 카르는 더 이상 그로펠과 함께 살 수 없어 아쉬워했지만 숲 속에서 그로펠이 살게 될 진정한 말코손바닥사슴의 삶을 생각하면 그로펠을 가끔 만나는 것으로 만족해야 한다고 생각했다. 그리고 숲을 향해 달려 나간 그로펠의 용기에 진심으로 기뻐했다. 그러던 어느 날 그로펠은 실수로 늙은 뱀 한 마리를 밟아 죽인 탓에 숲을 영영 떠나야 하는 운명에 처했다.

닐스 일행이 콜모르덴 숲을 지나갈 때, 그로펠에 대한 그리움에 지쳐 약해질 대로 약해진 늙은 개 카르를 만났다. 기러기 대장 아카는 작년 봄, 달라르나와 헬싱란드 사이의 커다란 숲에서 보았던 것을 카르에게 차분히 얘기해주었다. 개와 사냥꾼들에게 쫓기는 자신의 무리를 구하려고 스스로 사냥꾼의 표적이 되어 장렬한 최후를 맞이한 어떤 말코손바닥사슴의 이야기였다.

"기러기들아……, 너희가 다시 콜모르덴 숲을 지나가게 되면, 카르라는 개를 찾아서 그로펠이 멋진 최후를 맞이했다고 말해줄 수 있겠니?"

"그로펠은 훌륭한 삶을 살았구나. 그는 나를 알아. 내가 용감한 개라는 것을 알고 있어. 그리고 그가 멋지고 아름다운 죽음을 맞았다는 소식을 들어야 내가 기뻐할 것이라는 것도 알고 있지……. 고맙다, 기러기야. 이제 난 만족스러운 죽음을 맞이하기 위해 알아야 할 것을 다 알았단다."

책을 읽으면서 내내 가슴이 뭉클했었다. 친구의 멋진 삶이 나의 기쁨이 되고 나의 멋진 삶이 친구에게 기쁨이 된다! 얼마나 멋진 우정인가! 우리 인생에 가족과 더불어 친구만큼 소중한 존재가 또 있겠는가? 그러나 친구들과의 우정을 키우기보다 어렸을 때부터 친구들과의 입시 경쟁에 내몰리는 우리의 현실은 참 아프게 다가온다.

아이러니하게도 카르와 그로펠의 아름다운 우정이 깃든 콜모르덴 숲에는 현재 커다란 동물원이 자리 잡고 있다. 그로펠이 동물원에 팔려가기 싫어 도망친 곳이 콜모르덴 숲이었는데, 바로 그 숲에 스칸디나비아 최대 규모의 동물원이 생긴 것이다. 특히 이 동물원은 지역 경제 활성화를 위해 당국이 맘먹고 호텔과 레스토랑 및 놀이시설까지 갖추어놓은 위락시설이다. 내가 사는 지역의 스코네 동물원은 원래 서식지가 스칸디나비아인 동물들만 모아 놓고, 최대한 동물원답지 않게 만든 동물 중심의 동물원인데 비해 콜모르덴 동물원은 세계 도처에서 갖가지 종류의 동물들을 대거 모아 놓은, 그러니까 사람들의 즐거움을 위해 만든 동물원이다. 스칸디나비아 최초의 수족관에서 돌고래쇼를 구경할 수 있고, 사파리 야생공원에서는 맹수인 호랑이와 아주 가깝게 눈을 마주 볼 수도 있다. 일반 자연 생태계에서라면 절대 만나지 못했을 동물들이 사람들을 위해 모두 한곳에서 살고 있는 것이다. 대부분의 다른 동물원처럼 말이다.

예전에 동물원에 가서 아이들에게 철창 속에 갇힌 불쌍한 동물들을 보여주는 게 옳은 일인가에 대해 고민한 적이 있었는데, 남편은 그럼에도 불구하고 동물원에 가서 코끼리 코가 얼마나 긴지 독수리의 발톱은 어떻게 생겼는지 아이들에게 실제로 보여주어야 한다고 완강히 주장했다. 그래서 우리 쌍둥이들이 어렸을 때 동물원에 여러 번 갔었는데 갈 때마다 나는 마음이 불편했었다. 그런데 이곳 스웨덴에 와서 처음 아이들과 함께 스코네 동물원에 갔을 때 아, 정말 감동이었다! 심지어 허접해 보일 만큼 투박한 동물들의 서식지 모습이었다. 이래서 스웨덴이 좋은 나라라는 말을 듣는구나, 했다.

그러나 콜모르덴 동물원은 갇혀 있는 동물들의 슬픔이 그대로 전해지는 보통 동물원이다. 그래서인지 다른 동물원에 비해 콜모르덴 동물원에서는 사건사고가 많이 일어났다. 바로 얼마 전에 고릴라가 돌멩이를 던져 지나가던 관람객의 이마를 정통으로 맞혔고, 작년에는 먹이를 주던 30대 초반의 여성 사육사를 늑대가 갈기갈기 찢어 죽인 충격적인 사건도 있었다. 그 외에도 보고되지 않은 자잘한 사건들이 많이 일어났다고 하니, 동물들의 스트레스가 이만저만이 아닌 모양이다. 카르와 그로펠이 콜모르덴 동물원을 봤다면 몹시 씁쓸해했을 것이다.

우리는 화려한 콜모르덴 동물원 입구에 서서 들어갈 것인가 말 것인가 아이들의 의견을 물었다. 아이들은 입을 모아 갇혀 있는 동물들이 불쌍하다고 말했다. 동물원에 들어가지 않고 지나치기로 했다.

외레브로
스웨덴의 녹두장군, 엥겔브렉트의 도시

닐스가 여행을 하던 때 네르케 지역의 외레브로(Örebro)에는 해마다 가축 시장이 열렸다. 시장에 나온 가축들 중에는 아무도 거들떠보지 않을 만큼 늙고 쇠약한 말이 한 마리 있었는데, 말을 파는 상인이 마을에서 가장 인색하기로 소문난 젊은 농부에게 그 말을 사지 않겠냐고 물었다. 물론 농부는 펄쩍 뛰었다.

"아니, 그런 늙고 쓸모없는 말을 나에게 사라고 하다니, 내가 그런 식으로 돈을 낭비하는 사람인 줄 아시오?"

그러나 그 말은 어린 시절 그의 가장 소중한 친구였는데, 승마복을 사고 마차에 페인트칠을 하고 싶다는 아들의 말에, 아들이 허영과 낭비에 물들까봐 그의 아버지가 팔아버린 말이었다.

그날 밤 차가운 비가 억수같이 쏟아지고 있었다. 낮에, 어렸을 때 사랑했던 말을 만나 그렇지 않아도 상념에 빠져 있던 농부는 인색한 자신의 아버지 때문에 가족이 뿔뿔이 흩어져 거지가 된 소녀들의 방문을 받는다. 농부는 썩 내키지는 않았지만, 잠자리를 청하는 소녀들을 비 오는 추운 밤거리로 차마 내쫓을 수 없어 딱딱한 마루 한 귀퉁이를 내주었다. 그러면서 비록 구두쇠라는 비난은 들었지만, 안정적으로 재산을 잘

중세시대에 요새로 지어진 외레브로 성. 19세기에 재건된 덕분에 깔끔하고 단정한 모습이다.

관리해준 아버지가 아주 옳았다는 생각을 했다.

그런데 이상하게도 농부의 눈에서 눈물이 주룩 흘러내렸다. 그때 농부의 어머니가 들어와서 농부에게 말한다.

"아버지는 어려운 시절을 경험했어. 그래서 아버지는 가난을 두려워하게 됐지. 그래서 자기 자신부터 챙겨야 한다고 믿었던 거야. 하지만 너는 사람을 냉혹하게 만드는 그런 어려움을 겪어본 적도 없고, 네가 필요로 하는 것보다 더 많은 것을 가지고 있어. 그러니 네가 다른 사람들의 처지를 생각해주는 게 더 자연스러운 일이란다."

사실 젊은 농부가 사는 시대도 그리 풍족하지 못한 때였으나 필요한 것보다 훨씬 많은 것을 가지고 있다며 다른 사람들의 처지를 생각해야 한다고 하니, 농부의 어머니를 통해 저자인 셀마 라겔뢰프의 따뜻한 마음을 느낄 수 있다. 많이 가지고 있다고 많이 나누는 게 아님을 우리는 너무나 잘 알고 있다. 농부는 『크리스마스 캐럴』의 스크루지 영감이 변한 것처럼, 본래의 심성을 되찾아 즐거운 마음으로 늙은 말과 거지 소녀들을 돌볼 결심을 한다.

그러나 현실은 그렇게 따뜻한 마음만으로 녹이기에는 너무 냉혹하다. 늘 지배자와 피지배자, 기득권을 가진 자와 못 가진 자 사이의 이해 갈등이 있게 마련이고 그 갈등의 골이 깊어지면 때로는 거센 반발을 부르기도 한다. 셀마 라겔뢰프가 따뜻한 마음으로 외레브로의 이웃을 돌아보고 있던 즈음에, 우리나라에는 19세기 말에 탐관오리의 횡포에 항거하여 농민들과 분연히 떨쳐 일어난 '녹두장군' 전봉준(1855~1895)이 있었다. 당시 우리나라는 일본이 침략의 손길을 한창 뻗고 있었고, 위정척사다 개화다, 나라 안팎이 극도로 어수선한 때였으니 따뜻한 마음으로 주변을 돌아보기에는 정치적으로 너무 가혹한 시기였다. 민의를 모아 일어선 혁명의 움직임은 실패로 끝났고 전봉준은 사형을 당했다.

그런데 스웨덴에도 녹두장군이 있었다. 우리보다 한참 빠른 15세기 중엽, 우리나라는 성군 세종대왕의 재위 시절이라 태평성대를 누리고 있었는데, 칼마르 동맹 시절이었던 이곳 스칸디나비아 반도에서는 당시 권력을 잡고 있던 덴마크 왕의 폭거에 저항하여 농민들과 광부들이 반란을 일으켰다. 그 반란의 선봉대장이었던 엥겔브렉트 엥겔브렉트손(Engelbrekt Engelbrektsson, 1390~1436)이 바로 스웨덴의 '녹두장군' 인데, 외레브로를 주 무대로 활약한 영웅이다. 엥겔브렉트는 한 광산주의 아들이자 귀족 출신이라는 것 외에 개인적인 신상은 거의 알려지지 않았지만 전봉준 장군처럼 키가 작았다고 한다.

그는 농민들뿐 아니라 왕족과 귀족들까지 혁명에 가담시키려 노력했고 그 움직임은 스웨덴 전역에 걸쳐 상당히 거세게 일어났다. 반란이 성공했다면 엥겔브렉트를 '녹두장군' 이 아니라 칼마르 동맹으로부터 스웨덴을 독립시킨 '건국의 아버지' 쯤으로 소개했을 것이다. 그러나 유감스럽게도 그는 그에게 개인적인 원한을 품고 있던 한 귀족에게 외레브로 옆 옐마렌 호수 위의 작은 섬에서 도끼로 무참히 살해당했다.

이렇듯 비극적으로 생을 마감했으나 엥겔브렉트는 스웨덴 역사책에 기록된 최초의 농민 반란 지도자로서 불의에 대한 민중의 저항 정신을 일깨운 위대한 영웅으로 추앙받고 있다. 전봉준 장군보다는 그의 위상이 훨씬 높아 보였다. 오늘날 스웨덴 전역에서 그의 공을 기리는 추모 동상 및 기념비, 그의 이름을 딴 거리들을 자주 만날 수 있기 때문이다. 시내 한복판에 아담하게 자리 잡고 있는 외레브로 성이 그에게 봉토로

외레브로 시청 앞의 13미터나 되는 거대한 노란 토끼 설치 미술품.

도심 곳곳에서 보이는 여러 모습의 설치 예술 작품들.

거대한 노란 토끼 궁둥이 뒤에 있는 엥겔브렉트 동상이 왜소해 보인다.

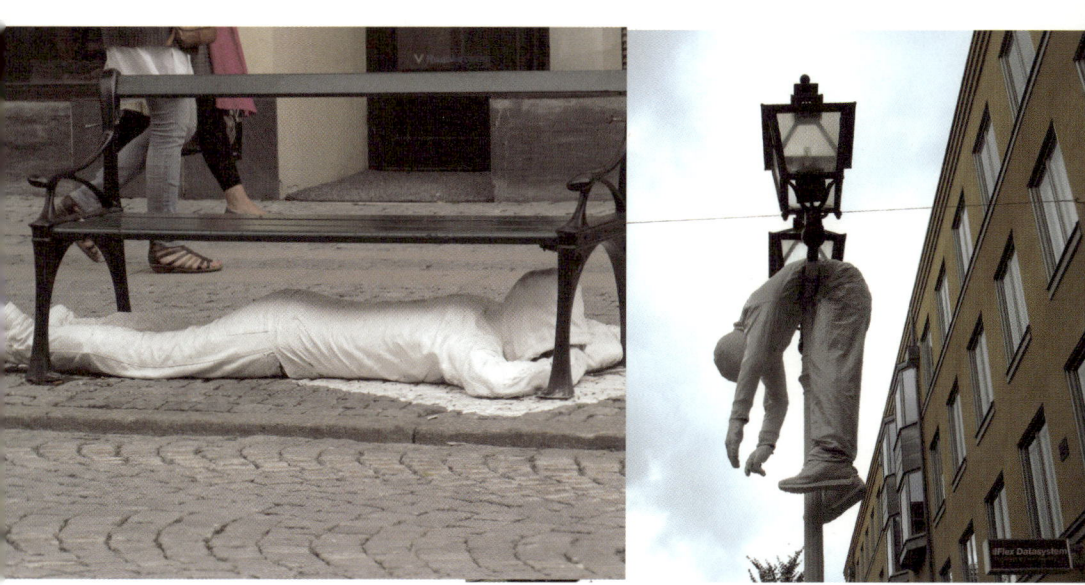

주어졌으나 그가 외레브로 성에서 산 기간은 불과 1년 남짓이었다.

무참히 살해당한 엥겔브렉트의 시신은 성 니콜라이 교회에 안치되었는데, 이 교회는 곧 성지가 되어 사람들의 순례 장소가 되었다. 그러나 이를 못마땅하게 여긴 칼 9세(Karl IX, 1550~1611)가 그의 시신을 파내어 아무도 모르는 곳에 두었다는데, 어떤 학자들은 외레브로 성 두터운 벽 어딘가에 감추어 두었다고 주장한다. 시신은 유린당했지만 수백 년이 지난 지금도 엥겔브렉트는 스웨덴 사람들 마음속에 여전히 살아 있으나 칼 9세의 흔적은 어디에서도 찾아볼 수 없었다.

외레브로 성은 외관이 참 멋지다. 연못 위에 군더더기 없이 깔끔하게 떠 있는 것이 엄지 공주가 사는 궁전처럼 보였다. 그러나 오랜 역사를 지닌 성답게 다사다난한 세월을 보내왔다. 성 안에는 성에 얽힌 사람들과 전설, 신화 등이 재미있게 소개되어 있었다.

외레브로 출신이자 스웨덴의 루터교 창시자 올라우스 페트리(Olaus Petri, 1493~1552)가 '스웨덴 건국의 아버지'라 불리는 바사 왕의 절대권력에 지적이고도 독립적인 저항을 하여 '16세기의 빛나는 별'이라는 멋진 별명을 얻었다는 이야기며, 외레브로 성 감옥에 갇혔던 라세 마야(Lasse - Maja, 1785~1845)라는 남장 여장 변장술이 뛰어났던 도둑 이야기, 그리고 1810년 현재 국왕의 선조인 프랑스 군인 출신 베르나도테(칼 14세 요한, 재위 1818~1844)가 이 외레브로 성에서 스웨덴 왕실의 후계자로 선출되었는데, 그는 죽을 때까지 스웨덴어도 하지 못했고 스웨덴의 문화와 정신세계를 전혀 이해하지 못했다는 이야기 등……

그런데 왕의 피가 한 방울이라도 섞여야 왕위를 물려받을 수 있는 우리나라와 큰 차이가 아닐 수 없다. 심지어 적국의 왕자가 왕위 후계자로 거론되기도 했었으니, 널리 알려진 스웨덴의 입양 문화는 왕실에서부터 시작되었고 그 역사도 생각보다 아주 오래된 모양이다.

외레브로 시내에서 재미있었던 것은 야외 설치 예술품들이었다. 그때 외레브로는 1년에 한 번 있는 야외 예술 페스티벌이 한창이었는데, 우리를 놀라게 하는 전시물들이 거리에 널려 있었다. 그중 사람들 시선을 가장 많이 끌었던 것은 시청 앞 엥겔브렉트 동상 바로 뒤편에 다리를 하늘로 쳐든 아주 불편한 자세로 뒤집혀 있는 13미터 높이의 거대한 노란 토끼였다. 또한 거리에는 웬 흰 옷을 입은 사람들이 벤치 밑에 엎드려 있거나 가로등에 매달려 있어서 깜짝 놀랐다. 이 설치 작품들은 페스티벌이 끝나면 모두 철거된다.

숙소에 와서 아이들과 전봉준 장군과 엥겔브렉트 장군에 관한 여러 가지 이야기를 나누었다. 이야기 자체는 재미있었으나 아이들은 결론을 마음에 들어 하지 않았다. 불의에 저항했으나 끝내는 실패했노라.

아이들의 질문이 아프게 날아왔다.

"왜 주인공이 죽고 나쁜 사람들이 이기는 거야? 영화 속에서는 안 그러는데!"

어느 나라든 지배층이, 쓸모 없어진 늙은 말을 도로 사들이고 거지 소녀들을 돌봐주는 젊은 농부의 마음을 갖고 있었다면 두 명의 녹두장군이 봉기를 일으키고 그리 허무하게 절명할 일도 없었을 것을!

Västmanland & Dalarna

8장. 스웨덴의 부의 원천

베스트만란드와 달라르나

베스트만란드와 달라르나, 4월 28일~4월 29일

많은 땅을 소유한 한 거인족 노파가 세 아들들 중 가장 사랑하는 막내아들에게 물려준 거칠고 황량한 땅은 철광석과 엄청난 양의 은과 구리가 들어 있는 광산이었다. 광산촌에서 쉴 새 없이 돌아가는 제철공장 때문에 삶의 터전을 잃게 된 곰은 닐스에게 제철공장에 불을 지르라고 협박한다. 그러나 총에 맞을 뻔한 곰을 구해준 닐스는 곰에게서 풀려난다.

구리 광산 도시인 팔룬을 좋아하는 까마귀 바타키는 '유황부엌'이라 불리는 한 낡은 집에 갇힌다. 바타키를 구출하기 위해 벽에 구멍을 뚫으면서 닐스는 바타키로부터 구리 광산에서 아직 발견되지 않은 어마어마한 양의 '아들의 몫'에 관한 전설을 듣는다. 그러나 아들의 몫이 어디에 있는지 말하는 사람은 목숨을 잃는다.

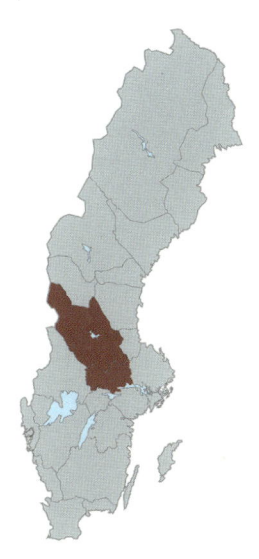

유럽 변방의 보잘것없는 나라였던 스웨덴은 어쩌다가 세계에서 가장 훌륭한 복지 시스템을 갖춘 부자 나라가 되었을까? 비결은 어마어마한 유산(?)을 물려받은 데 있었다. 소도 비빌 언덕이 있어야 한다고, 훌륭한 복지 시스템이 맨땅에서 가능할 리 없었다. 닐스는 우연히 그 유산이 무엇인지 알게 되었다.

엥겔스베리 제철공장
철이 내린 축복으로

옛날에 많은 땅을 지닌 거인 노파가 세 아들에게 땅을 물려주었다. 그 중 가장 착한 막내아들이 받은 유산은 겉보기에는 척박한 땅이었지만 엄청난 양의 철광석과 은, 구리가 묻혀 있는 광산이 숨어 있었다. 이 알짜배기 땅이 바로 멜라렌 호수 북쪽에 있는 여러 광산들의 집결지, 베리스라덴(Bergsladen)이다. 베리스라덴은 베스트만란드를 중심으로 서쪽으로는 베름란드, 북쪽으로는 달라르나, 남쪽으로는 네르케 지역을 조금씩 밟고 있는 비교적 넓은 광산촌의 총칭이다.

닐스는 모르텐의 등 위에서 이 광산촌을 내려다보며 매우 놀랐다. 수많은 철도와 도로, 돌을 골라내고 있는 여자와 아이들, 높다란 굴뚝에서 뿜어져 나오는 불꽃이 섞여 있는 짙은 연기 등 농촌에서만 자란 닐스에게는 처음 보는 낯선 장면들이었기 때문이다.

광산촌에서 닐스는 곰 가족을 만났다. 곰은 제철소가 세워지면서 얼마나 많은 동물들이 피해를 입었는지 말하면서 닐스에게 제철소 건물을 몽땅 불태울 것을 요구하며 협박했다. 그러나 철이 우리에게 얼마나 필요한가! 철은 소리 없이 세상을 움직인다고 했다. 닐스는 곰의 발바닥 아래 깔려서 모기만한 소리로 이렇게 말했다.

"철은 커다란 축복이에요."

사실 철은 그 어떤 나라보다 스웨덴에 축복이었다. 이 지역에서의 광산 채굴은 중세시대부터 시작되었는데, 특히 17세기에서 19세기 중반까지 이곳에서 생산된 양질의 철은 변방의 소외된 국가였던 스웨덴이 유럽 내 경제적 강국으로 부상하는 데 중요한 역할을 하였다.

그러나 19세기 중반, 스웨덴에 베세머법(Bessemer process)이란 전혀 다른 개념의 제철제강법이 들어오면서 전통적인 생산 방식의 제철 공장은 쇠락의 길로 접어들었다. 그래도 한동안 용광로의 크기를 키우고 작업 시간을 늘려가며 버텨보려 했으나 타산이 맞지 않아 결국 1919년에

엥겔스베리 제철소 전경.

엥겔스베리 제철소 단지.

문을 닫고 말았다. 닐스가 이곳을 지나가던 1905년 무렵에는 새로 도입된 베세머법에 맞서 전통 방식의 구식 제철제강법으로 생산량을 늘려보려고 애를 쓰던 시기였으니 공장이 밤낮을 가리지 않고 쉴 새 없이 돌아가던 때였을 것이다. 곰의 말에서도 이 분위기를 느낄 수 있다.

"처음에는 별로 방해받지 않았어……. 그 정도는 참을 수 있었지……. 그렇지만 최근 몇 년 동안 밤낮으로 똑같은 강도의 소음을 내며 일을 하면서부터는 도저히 참을 수 없게 되었어……."

닐스의 눈에 용광로 작업장은 어마어마하게 크고 훌륭한 곳으로 보였고 불타는 쇳덩어리를 능수능란하게 다루는 제철 공장 기술자들의 놀라운 기술에는 입을 다물지 못할 만큼 감동을 받았으나, 알고 보면 그들의 부산한 움직임은 행여 공장문이 닫혀 일자리를 잃을까 노심초사하는 제철소 노동자들의 거의 투쟁과도 같은 몸부림이었던 것이다.

지금은 모두 폐광된 이 베리스라덴 지역에서 우리는 1993년 세계문화유산으로 지정된 엥겔스베리 제철소(Engelsbergs bruk)에 가기로 했다. 제철소 이름이 엥겔스베리인 이유는 첫 소유주가 스웨덴 최초의 농민 봉기 지도자인 엥겔브렉트의 할아버지였기 때문이다. 엥겔스베리 제철 단지에는 당시 중요했던 전통 방식의 제철 기술 유산과 관련 행정부서 건물 및 주거 건물 등이 거의 완벽하게 원형 그대로 보존되어 있다. 광산이 마을과 멀리 떨어진 깊은 숲 속에 있었던 탓에 제철 단지는 그 안에서 자급자족이 가능한 주거 단지를 갖추게 되었다.

광산촌에 가는 날 굵은 비가 내리고 있었다. 전날은 화사한 여름날이었는데 갑자기 가을이 된 듯 스산했다. 스웨덴 사람들은 이런 변덕스러운 날씨에 익숙해서 날씨 때문에 일정을 바꾸는 일은 거의 없다. 날씨가 나쁜 게 아니고 단지 옷을 잘못 입었을 뿐이라고 하니 햇빛 보기 어려운 어둡고 우중충한 겨울을 촛불로 밝히며 낭만적으로 견디는 사람들답다. 우리 역시 스웨덴에 사는 사람들답게 날씨에 크게 연연하지 않기로 했다.

울창한 숲길을 달리다 간혹 호수를 만나고 또 드문드문 농가를 거쳐 구불거리는 국도를 따라 가는데 어쩌다 마주치는 자동차가 반가울 정도로 길은 한산하고 조용했다. 드디어 도착했으나 여전히 비가 내리고 있어 모두들 선뜻 밖에 나가려 하지 않았다. 여름에는 비교적 맑은 날이 계속되기 때문에 우리는 지금 날씨에 맞는 옷차림도 아니었고, 우산조차 없었다.

"난 그냥 여기 있으면 안 돼? 비도 오는데."

둘째가 투덜거린다.

"여기까지 와서 그냥 가겠다고? 말도 안 돼. 스웨덴 사람들이 우산 쓰고 다니는 거 봤니? 어서 나가보자."

실제로 이곳 사람들은 할머니 몇 분을 제외하면 우산을 쓰지 않는다. 상점에 우산이 있는 게 신기할 정도다. 한국에서는 산성비에 황사비까지 내린다고 절대 비를 맞지 말라고 하는데 말이다.

그러나 스칸디나비아반도에도 산성비 문제가 심각했던 때가 있었다. 제철 공장이 쉴 새 없이 돌아가던 즈음 이 주변에는 석탄재 섞인 검은 비가 내렸고, 이에 더해 당시 영국 산업혁명의 여파로 심하게 오염된 대기가 19세기부터 스칸디나비아반도에 크게 영향을 미쳤었다. 특히 스웨덴의 피해가 가장 컸는데 20세기 중반에 접어들면서 스웨덴의 호수 9만 개 가운데 약 4만 개가 죽음의 호수로 변해갔다. 어떤 초등학생은 갈색 머리가 초록색으로 변했는데, 그 원인이 산성비에 섞인 구리가 녹아 있는 물을 마셨기 때문이라는 조사 결과가 나오기도 했다. 이것은 산성비만이 아니라 광산 지역에서 배출되는 오염물질과도 깊은 연관이 있다. 스웨덴은 이 문제를 계기로 1967년에 세계 최초로, 독립된 환경 행정조직인 환경부(EPA: Swedish Environmental Protection Agency)를 설립했다. 이는 영국과 미국보다도 3년이 앞선 것이다. 스웨덴 정부의 각별한 노력의 결과 죽어가던 호수가 되살아났고 지금은 그 호숫물이 수돗물이 되어 생수처럼 바로 받아 마시며 산다. 이런 면에서 스웨덴은 참 부러운 나라다. 우리나라에는 '녹조라테'라는 신조어가 생길 만큼 주요 4대 강의 물이 심각하게 오염되고 있다는데 말이다.

차에서 내려 안내소까지 뛰어갔다. 주변에 아무도 없었다. 정말이지 단 한 명도 없었다. 이곳이 세계문화유산으로 지정된 곳이 맞나 싶을 만큼 적막했다. 그래도 여름 휴가철인데, 이토록 문화유산에 관심이 없단 말인가? 어딜 가나 사람이 많지는 않았지만 이렇게 사람 그림자도 없는 을씨년스러운 곳은 없었다.

단지 안을 기웃거리며 당시 생활상이나 작업 현장을 엿보았는데, 정작 제철소 자체는 주변에 조성된 단지에 비해 볼품없을 만큼 작아서 실망스러웠다. 그러나 단지 전체는 옛날 제철 단지라고는 믿기지 않을 만큼 아름다웠다. 비가 오니 녹색의 숲 내음이 진하게 풍겨왔다. 동화 「백설공주」에 나오는 일곱 난쟁이들의 직업이 금인지 다이아몬드인지를 캐는 광부라는데, 어딘가에 그들의 오두막도 숨어 있을 듯싶었다.

제철 공장이 한창 가동 중이었을 때, 이곳의 광부들은 가혹할 정도로 강도 높은 노동에 시달렸는데, 이 아름다운 숲에 예전에는 석탄재 섞인 검은 비가 내리던 때를 상상할 수 없듯이, 단아하게 정돈된 주택 단지에서 고통스런 삶의 흔적을 찾기는 어려웠다. 이곳이 제철 단지였음을 몰랐다면 그저 숲 속의 유서 깊은 전원주택 단지쯤으로 여겼을 것이다.

그런데 닐스가 스웨덴의 철광석이 제2차 세계대전 때 어떻게 사용될지 알았다면 그래도 철을 '커다란 축복' 이라고 말했을까?

팔룬
구리 광산 도시

팔룬(Falun)은 닐스의 친구인 바타키가 가장 좋아하는 도시다. 바타키는 무엇이든 신비하고 비밀에 싸인 것을 좋아하는 까마귀인데, 팔룬은 사람들이 천 년이 넘는 오랜 기간 구리 광석을 파내기 위해 개미굴처럼 사방으로 굴을 뚫어놓은 도시이니, 바타키의 호기심을 부추기고 충족시키는 데 딱 맞는 곳이었다.

전설에 따르면 팔룬의 구리 광산을 최초로 발견한 것은 코레(Kåre)라는 이름의 숫염소였다. 어느 날, 코레의 뿔이 빨갛게 변해 있는 것을 이상하게 여긴 주인이 코레가 뿔을 문지르는 땅을 파보았는데, 그 속에서 어마어마한 구리 광맥을 발견한 것이다. 덕분에 주인은 큰 부자가 되었고 거친 숲뿐이었던 팔룬은 거대한 구리 광산과 그 문화 경관으로 광산 기술의 역사적 집합체가 되었다.

팔룬 구리 광산 안내소.

스웨덴에 광산이 없었더라면 오늘날 같은 부자 나라 스웨덴이 가능했을까? 스웨덴에게 광산은 말괄량이 삐삐가 가졌던 금화가 가득 든 보물상자와 같다. 우스꽝스러운 커다란 신발을 신고 혼자 제멋대로 사는 삐삐의 윤택한 자신감이 어디에서 나왔겠는가? 까마귀 바타키의 말에 따르면 옛날 스웨덴의 왕들은, 팔룬의 구리 광산을 '스웨덴 왕국의 행운이자 보물창고'라고 불렀다고 한다.

과연 그렇다. 특히 17세기 중반에는 팔룬의 구리 광산에서 채굴된 구리가 전 세계 구리 생산량의 약 70%를 차지했는데, 당시 이 구리들은 전 유럽 지역에 골고루 퍼져 나가 프랑스 베르사유 궁전의 반짝이는 지붕으로 얹히거나 화려한 교회나 귀족들의 성을 장식하는 데 쓰였다. 그리고 스페인은 동전을 은에서 구리로 바꾸었다. 이렇게 얻은 수입은 스웨덴이 30년 전쟁에 진출할 수 있는 돈줄이 되었고, 이 30년 전쟁에서 전쟁 영웅 구스타브 2세 아돌프 대왕의 대활약으로 스웨덴은 유럽 주요 강대국의 반열에 올라섰다. 이렇듯 팔룬 광산은 오랫동안 스웨덴을 먹여 살린 젖줄이었다. 1702년 어떤 학자의 논문에 "팔룬 광산을 보지 않은 사람은 스웨덴을 봤다고 말할 수 없다."고 적혀 있을 만큼 팔룬 광산은 여러 가지 의미에서 스웨덴에 대단한 존재였다.

그러나 위대한 식물학자 린네의 눈에 팔룬은 지옥으로 보였다. 오늘날의 팔룬은 주변에 광산 폐기물이 있긴 해도, 스웨덴의 다른 도시들처럼 깔끔하게 잘 정돈된 유적 도시로 보이지만, 채굴이 활발했던 수백 년 동안 팔룬은 커다란 광산과 수백 개의 용광로에서 뿜어져 나오는 시커멓고 매운 유황 연기 속에 파묻혀, 광산을 중심으로 반경 2.5킬로미터까지 그야말로 식물은커녕 이끼도 자라지 못할 만큼 황량한 도시였다. 100킬로미터 떨어진 곳에서도 유황 냄새가 났을 정도라고 하니 이런 광경이 식물학자 눈에 어떻게 비쳤겠는가? 그 오염의 정도는 재앙 수준이었다. 또한 상상하기 어려울 정도로 열악한 환경에서 일하는 광부들은 신을 농락한 죄로 영겁의 형벌을 받고 있는 시시포스나 익시온들처럼 보였다. 그러나 이 광부들에게 죄가 있다면 가난하게 태어난 죄밖에 더 있겠는가? 린네는 "팔룬 광산이 스웨덴의 위대한 기적인 것은 사실이지만, 지옥만큼이나 무서운 곳"이라고 토로했다.

17세기 중반 이후 800명이 넘는 광부가 갱도 안에서 목숨을 잃었고 부상자들은 그보다 몇 배가 많았다. 17세기 말 스웨덴 최초의 응급병원이 생긴 곳도 팔룬의 광산촌이다. 그러나 기적 같은 일도 있었다. 1687년 6

월 25일, 그날은 우리나라 추석만큼이나 큰 스웨덴의 명절인 하지절(Midsommardagen)이었는데, 그날 어마어마한 광산 붕괴 사고가 일어났다. 보통 때였다면 수백 명의 광부들이 목숨을 잃었을 테지만, 다행히도 명절이라 갱도 내에 단 한 명의 광부도 없었다. 만약 하루 전날이나 그 다음 날 광산 붕괴가 일어났다면, 어쩌면 광산 문을 닫아야 했을지도 모른다. 일할 사람이 없는데 광산 채굴이 가능했겠는가? 이 같은 기적을 보면, 흔히 쓰는 표현으로 스웨덴은 천운을 타고 난 나라다.

운이 좋아 큰 사고는 면했지만, 당시 광산 내 작업장이 얼마나 유해한 상황이었는지 1677년 광산 붕괴 사고로 사망한 광부 마츠 이스라엘손(Mats Israelsson)의 시신이 웅변한다. 사망 42년 만에 발견된 그의 시신은 황산의 영향으로 바로 어제 사망한 듯 석화되어 있었다. 석화된 시신으로 그의 신원을 바로 알아본 사람이 있었으니 호호백발 할머니가 된 그의 약혼녀였다. 그들은 광산이 붕괴된 다음 날 결혼식을 올리기로 되어 있었다.

이들의 가슴 아픈 사랑 이야기는 많은 예술가들에게 영감을 주어 여러 문학 작품과 오페라, 발레 작품으로 형상화되기도 했다. 광부 마츠의 시신은 유리관에 보관되어 한동안 일반인들에게 공개되었다가 1930년에 팔룬 시내에 있는 스토라 코파르베리 교회(Stora Kopparbergs kyrka) 묘지에 안치되었다.

팔룬의 구리 광산은 스웨덴의 소들에게도 수난을 안겨주었다. 당시 구리 채굴에 사용되는 밧줄을 소가죽으로 만들었는데, 이때 가죽이 벗겨진 살코기는 모두 소시지가 되었다. 지금도 팔루코르브(Falukorv)란 이름의 주황색 비닐에 싸인 굵고 둥근 소시지가 스웨덴의 마트에 잔뜩 진열되어 있다. 이제는 더 이상 소가죽 밧줄이 필요치 않을 텐데, 그 많은 가죽들은 모두 어디에 쓰일까?

고속도로에서 팔룬에 들어서자 바로 광산 입구가 나타났고 그 앞에 서 있는 커다란 목각 염소상이 보였다. 구리를 발견한 숫염소 코레의 상이었다. 입구의 크기로 보아 얼핏 광산의 거대한 규모도 어림잡을 수 있을 것 같았다. 엥겔스베리 제철소와는 달리 팔룬 광산은 제대로 세계문화유산 대접을 받고 있었다. 안내소도 크고 여행객들도 많았다. 안내소에 들러 잠깐 안내를 받았다. 갱도 안 가이드투어가 있었으나, 우리는 광부들의 지상에서의 삶의 흔적을 살펴보기로 했다. 일단 입구에서 가까운 곳에 있는 광산박물관에 들어갔다.

박물관에서 가장 인상적인 곳은 박물관 꼭대기 층에 있는 끔찍한 모습들이 담겨 있는 최초의 응급병원 광경이었다. 부주의로 일어나는 교통사고 장면도 끔찍하지만 이 응급병원은 광부들의 일상의 모습이었을 테니, 당시 광부들의 삶이 얼마나 고통스러웠는지 단적으로 볼 수 있었다. 안내원의 말이 17세기 말에도 이 병원은 무료로 치료해주었다며 이 이야기를 특별히 의료비가 거의 살인적인 수준인 미국 관광객들에게 힘주어 얘기한다고 자랑스레 말했다. 스웨덴의 거의 무상에 가까운 의료 시스템에는 찬사를 보내는 바이지만, 당시 광부들에겐 실상 병 주고 약 주었다는 말이니 좋게만 들리지는 않았다.

박물관을 나와 노천 광산 둘레의 산책길을 따라 천천히 걸었다. 어마어마한 규모로 거칠게 파헤쳐진 노천 광산은 번영의 부끄러운 속살처럼 보였다. 수많은 사람들의 피와 땀을 집어 삼키고 지금은 관광객들의 감탄을 유발하는 유적지로 남아 있으니 말이다. 스웨덴 사람들은 빙 둘

팔룬 광부들의 집.

팔룬의 페인트 공장.

팔룬 구리 광산 입구에 서 있는 숫염소 코레.

거칠게 파헤쳐진 팔룬의 구리 광산.

러 비석이라도 세워 놓고 한바탕씩 읍소하며 지나가야 하지 않을까 하는 생각이 들었다. 구슬이 서 말이라도 꿰어야 보배라고 했다. 스웨덴을 부자 나라로 만든 것은 구리가 아니라 표현하기조차 어려운 열악한 환경에서 목숨을 걸고 구리를 파낸 사람들이다.

스웨덴 왕들은 수백 년 간 스웨덴 왕실의 주 수입원이었던 팔룬 광산에 당연하게도 특별한 애정을 보였다. 유황 연기 가득한 광산을 방문한 것은 물론 위험한 갱도 안까지 왕이 몸소 행차를 했을 정도였다. 산책길에는 왕들이 특별히 좋아하는 전망대도 있었다. 이 왕은 이곳에서, 저 왕은 저곳에서 보이는 전망을 좋아했던 모양이다. '번영의 화려함을 즐기는 사람들'과 그 '번영을 위해 삶을 희생한 사람들' 사이의 괴리는 늘 내 마음을 불편하게 한다. 세계문화유산으로 지정된 옹기종기 모여 있는 광부들의 초라한 목조 건물에서는 아직도 쿨럭거리는 기침소리가 들려오는 듯한데, 왕들에게는 잠깐 마시는 매캐한 유황 냄새가 황홀했을지 모른다는 생각을 하니 괜히 눈살이 찌푸려졌다.

그런데 그토록 심각한 광산 오염 물질을 어떻게 씻어냈을까? 팔룬 시청에 문의했더니, 할 얘기가 산더미 같다고 했다. 처음으로 광산 폐기물 처리 문제를 가시화시킨 것은 1968년 스토라(Stora)라는 광산 회사와 스웨덴 환경부(EPA)였다. 1987년, 정부는 보다 구체적인 실행의 일환으로 달라르나 중심을 가로지르는 달엘벤(Dalälven) 강의 정수 작업을 위해 위원회를 발족시켰고, 광산 활동이 중단된 1992년부터 2007년까지 본격적으로 환경 복구를 위한 팔룬 프로젝트를 가동시켰다. 그대로 방치했다면 수백 년이 걸려도 회복되기 어려웠을 만큼 오염 정도가 심각했으나 단기간의 집중적인 노력으로 괄목할 만한 성과를 이루었다.

가장 심하게 오염되었던 팔룬 시내의 티스켄 호수의 오늘날 모습. 오염의 흔적도 찾아보기 힘들다.

현재 팔룬 프로젝트는 끝났지만 후속 조치에도 스웨덴 당국은 큰 노력을 기울이고 있다. 그러나 구리 광산의 문화유산 보호라는 측면에서는 광산 지역의 녹지화가 어렵기 때문에 자연환경과 문화유산 둘 다를 어떻게 공존시킬 수 있을까 당국은 최선의 방책을 모색 중이다. 팔룬의 구리 광산은 스웨덴에서 관광객들의 발길을 가장 많이 끄는 관광지들 중 하나이기 때문이다.

팔룬의 환경부처 관계자는 광산 오염물질을 제거하기 위해 현재까지 산더미 같은 노력을 기울이고 있다고 말했지만, 팔룬 광산이 문을 닫은 것은 광산 자원이 고갈된 이후였다. 아직도 캐낼 광물이 남아 있다면 광산 활동은 여전했을지 모른다.

달라르나박물관에 전시되어 있는 셀마 라겔뢰프의 집필실.

    1992년 구리 광산이 폐광되면서 광산에 딸린 모든 시설들은 생명력을 잃고 역사 속에 박제되었지만 오직 한 곳, 구리에서 채취된 붉은색 페인트 공장은 가동 중이다. 스웨덴의 오래된 목조 가옥들이 붉은색인 이유는 바로 이 팔룬산 페인트 때문인데, 이 페인트는 목재 구석구석까지 스며들어 목재를 보호하는 역할을 한다.

    스웨덴의 가옥들을 수백 년 간 아름다운 유적으로 보존시킨 물질은 페인트에 함유된 황산인데, 이런 사실이 밝혀진 것은 앞서 소개한, 무너진 갱도 안에서 42년 간 황산물 속에 잠겨 있다 석화된 채 발견된 광부의 시신 덕분이었다. 이쯤 되면, 스웨덴 국기를 노란색과 파란색이 아닌 숲을 상징하는 초록과 팔룬의 페인트 색깔인 빨간색이어야 한다고 주장한 스웨덴의 유명 작가 아우구스트 스트린드베리(August Strindberg, 1849~1912)의 말에 고개가 끄덕여진다. 스웨덴의 번영을 위해 처음 지불된 것이 바로 광산 노동자들의 핏값이었기 때문이다.

구리 광산을 떠나 시내에 위치한 달라르나박물관에 갔다. 그곳에서 달라르나의 모든 것을 일별할 수 있었는데, 무료 관람할 수 있는 박물관치고는 전시 내용이 아주 훌륭했다. 그중 눈길을 잡아끈 것은 단연 셀마 라겔뢰프의 집필실이었다. 1897년부터 1910년까지 약 13년 간 셀마 라겔뢰프는 팔룬에서 살았는데, 지금은 그녀가 살았던 세 곳 모두 허물어졌고 그중 빌라베겐(Villavägen)에 있던 집의 집필실을 그대로 옮겨 박물관에 전시해놓고 있었다.

그녀는 팔룬에 머물렀던 시절 많은 작품 활동을 했다. 『닐스의 신기한 여행』도 팔룬 시절에 쓴 작품이다. 이 책의 성공은 구리 광산이 스웨덴에게 부를 가져다준 것처럼 셀마에게 경제적 안정을 가져다주었다. 과연 팔룬은 부의 원천임이 틀림없다!

Uppland

9장. 스웨덴 정신의 뿌리
우플란드

우플란드, 5월 5일~6월 어느 날

스웨덴에서 가장 보잘것없던 땅 우플란드는 다른 지역을 돌아다니며 구걸하여 얻은 잡동사니로 가장 아름다운 땅을 만들었다. 우플란드는 이 능력을 인정받아 수도를 품에 안을 수 있었는데, 이렇듯 현명함과 실력만 있으면 거지도 높은 사람이 될 수 있다.

닐스는 학문이 다스리는 도시 웁살라에서 친구를 불행에 빠뜨렸다는 죄책감에 시달리는 한 학생을 도와주면서, 위험에 빠진 친구를 모른 척한다는 것이 얼마나 잘못된 일인지 깨닫는다.

스칸센에서 바이올린 악사로 일하는 클레멘트 라르손은 한 멋진 노신사로부터 자신의 고향에 대한 향수병이 확 날아갈 만큼 스톡홀름에 자부심을 느낄 수 있는 이야기를 듣는다. 이때 등장하는 어부와 인어의 이야기는 우리나라 선녀와 나무꾼 이야기와 아주 흡사하다.

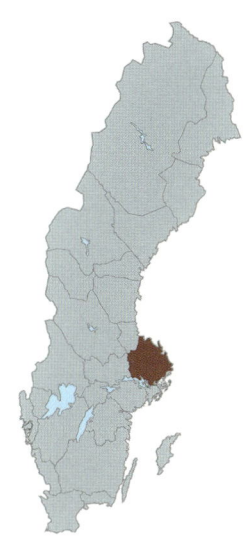

우플란드는 어떤 땅이기에 왕궁과 수도인 스톡홀름을 품게 되었을까? 닐스가 우연히 어떤 할머니에게 들은 바로는, 원래 우플란드는 스웨덴에서 가장 척박하고 보잘것없는 땅이었다. 이에 침울하게 앉아 있던 우플란드는 어느 날 벌떡 일어나 다른 지역에 가서 구걸이라도 해야겠다고 마음먹고 큰 배낭을 메고 길을 떠난다. 다른 지역들이 거지에게 먹다 남은 음식 던져주듯이 우플란드 앞에 던져준 것은 부스러기 잔디밭, 힘없이 흘러가는 작은 강물들, 돌무더기 몇 개, 습지, 언덕 한 줄기 등이었다. 집에 돌아온 우플란드는 이 잡동사니들을 배낭에서 쏟아내고 머리를 쥐어짜가며 정리하기 시작했다.

이때 스웨덴에서는 왕궁과 수도를 어디에 건설해야 할 지 논의가 한창이었다. 당연히 각 지역 모두가 왕을 자기 쪽으로 부르고 싶어 했다.

그래서 '왕이라면 가장 현명하고 능력 있는 땅에서 살아야 한다'는 전제 아래 땅들이 서로 경합을 벌였는데 그중 우플란드가 가장 먼저 모든 땅들을 초대하여 구걸해온 잡동사니들이 그의 집에서 얼마나 훌륭한 모습으로 바뀌었는지 보여주었다. 너무도 아름답게 변한 모습을 보고 모두들 뒤로 넘어질 정도로 깜짝 놀랐고, 우플란드의 능력을 인정하지 않을 수 없었다. 이렇게 해서 우플란드는 자랑스럽게도 왕궁과 수도를 차지할 수 있었다.

스톡홀름
충만한 민족적 자긍심

14개의 섬에 펼쳐진 스톡홀름은 '북유럽의 베네치아'라 불릴 정도로 도시 사이사이에 바다가 스며들어 있다. 어느 쪽으로 시선을 돌리든지 사진의 배경으로 삼고 싶을 만큼 아름다운 풍경이다. 하지만 구걸해온 잡동사니를 펼쳐놓아 그런가? 스톡홀름은 다소 산만하게 보이는 구석이 있다. 아마도 수백 년씩 된 고풍스러운 건물들과 현대식 건물들이 서로 엉켜 있고, 공사 중인 곳도 더러 있었기 때문일 것이다.

스웨덴은 최근 200년 간 전쟁을 겪지 않았다. 1814년 노르웨이와의 짧은 전쟁 이후 정치적으로 중립 선언을 함으로써 20세기 들어 전 세계를 쑥대밭으로 만든 1, 2차 세계대전을 피했다. 스웨덴이 특별한 복구 노력 없이 옛 모습 그대로 도시의 원형을 간직할 수 있었던 이유가 여기에 있다. 어디 그뿐이겠는가? 다른 나라들이 전후의 폐허 속에서 힘겹게 일어서는 동안 전쟁으로 인해 건물 한 채 부서지지 않은 스웨덴은 남들보다 유리한 상황에서 지속적인 발전을 이룰 수 있었다.

그에 비하면 서울은 과거 따로 현재 따로 구분이 잘 되어 있다. 강남 어디에서 우리나라의 과거를 읽을 수 있는가? 1960, 1970년대와 비교하면 오로지 입 딱 벌어지는 '번영 한국'의 모습만 만날 수 있을 뿐이다. 경복궁이나 창경궁 같은 곳에나 가야 과거가, 그것도 현대의 기술이 덧칠해진 과거가 겨우 보인다. 근세기에 남의 나라 식민 지배를 받고 참혹한 한국전쟁을 치른 탓에 서울은 투박한 원형의 과거를 갖기 어려웠다. 그러나 이곳 스톡홀름에는 과거의 공간이 손상당하지 않은 채 보존되어 있으니 그 안에 담긴 스웨덴의 옛이야기와 역사가, 바로 옆 고층빌딩에서 21세기 스웨덴을 품고 일하는 현대인에게 일상적이지만 의미심장한 인사를 매일 건넬 듯싶다.

그런데 스톡홀름에서 누군가의 의미심장한 인사를 건네받은 사람은 세계 최초의 야외 박물관인 '스칸센'에서 바이올린 연주자로 일하는 클레멘트 라르손이었다. 그는 어쩌다 기러기 무리에서 떨어져 나온 닐스를 잠시 잡아두고 있었다. 헬싱란드 출신의 그는 향수병으로 우울해하고 있었는데, 어느 날 아주 고귀해 보이는 한 노신사가 다가와서 그에게 다정하게 인사를 건네고는 그의 향수병이 휙 날아가버릴 정도로 스톡홀름에 대해 단단한 자긍심을 심어주는 여러 이야기를 들려주었다.

1. 시청사 – 내셔널 로만티시즘의 꽃

시청사(Stadshuset)에는 지난 여름 가족과 함께 왔었다. 티켓을 사려는 관람객들로 붐비고 있었는데 저쪽에서 한국말이 들렸다. 한국인 관광객들이 깃발을 든 안내원을 따라 들어가고 있었다. 나도 시치미 뚝 떼고 저 무리에 끼여들면 마음 편히 모국어 설명을 들을 수 있겠다 싶었다. 서둘러 남편에게 아이들을 밀어놓고 그들 옆에 슬쩍 섰으나 즉시 미운 오리 새끼 취급을 받고 밀쳐졌다. 함께 돈을 낸 단체 관광객이 아니니 당연한 처사지만 어찌 그리 냉정한지, 내가 한국어 설명을 잡아먹기라도 한단 말인가? 하는 수 없이 잠시 서서 영어 가이드 시간을 기다렸다가 친절하고 잘생긴 스웨덴 청년의 가이드를 받게 되었다. '꿩 대신 닭'이 아니라 '닭이 꿩' 되던 순간이었다.

'내셔널 로만 양식(national romantic style)'의 대표적인 건물인 스톡홀름 시청사는 1911년 착공되어, 처음 예상보다 3배나 많은 경비가 지출된 후 1923년에 완공되었다. 바사 왕이 덴마크의 지배로부터 스웨덴을 독립시키고 스톡홀름에 개선장군으로 입성한 지 꼭 400년이 지난 뒤였다. 당시는 민족의식이 한껏 높아져 있던 때였고, 내내 계몽주의의 영향으로 인간의 이성만을 중시해왔으니 그동안 무시당했던 감성이 고개를 바짝 들었던 때였다. 이 두 가지가 절묘하게 결합되어 주로 북유럽에 등장했던 예술 사조가 내셔널 로만 양식인데 건축뿐 아니라 미술, 음악, 문학 등 다양한 분야에서 나타났다. 대체로 자국의 우월함을 강조하고 애국심을 고취시키는 방향으로 전개되었으며 역사를 자랑스럽게 여겼다. 표현 방식에는 낭만주의적 기법이 사용되어 역사와 신화를 소재로, 신비스럽고 상징적이며 풍부한 상상력이 동원되었다.

가이드 청년의 안내를 받아 처음 들어선 곳이 시청사의 가장 큰 만찬회 장소인 '블루홀(Blåhallen)'이었다. 그런데 홀은 이름과는 딴판으로

1923년에 완공된 시청사 전경.

온통 붉은색이었다. 원래 '물의 도시' 스톡홀름 이미지를 살려 벽돌에 색깔을 입혀 홀을 푸른색으로 만들 계획이었는데, 막판에 건축가의 마음이 스웨덴 벽돌 본연의 붉은색을 그대로 살리자는 쪽으로 바뀌는 바람에 '이름 따로 색깔 따로'가 되어버렸다. 이 또한 스웨덴적인 것을 살리고자 한 내셔널 로만 양식의 영향이었다. 시청사의 몸통을 이루고 있는 이 벽돌은 중세시대 수도원과 교회를 지을 때 사용했던 것과 같은 것이라 수도사의 벽돌이라고도 불리는데 완전한 수작업 제품으로 800만 개 이상이 사용되었다고 한다.

블루홀은 1930년 이래로 매년 12월 10일, 노벨상 수상자들의 만찬이 열리는 장소로 유명하다. 수상자와 그의 가족, 스웨덴 왕족, 그밖에 초

노벨상 수상자들의 만찬 장소인 블루홀.

대받은 국내외 유명인사들까지 합하면 1,300명가량이나 모인다는데, 가이드 말에 따르면 비좁아서 식사할 때 참석자들이 불편을 느낀다고 했다. 또한 블루홀에는 입구 맞은편에 2층으로 올라가는 커다란 계단이 있는데, 왕비와 공주들이 긴 드레스를 입고 넘어지지 않고 우아하게 손을 흔들며 내려올 수 있도록 계단의 간격을 맞추기 위해 건축가는 자신의 아내에게 드레스를 입히고는 수없이 오르락내리락하게 만들었다고 한다.

비록 비좁아서 식사 도중 물도 엎지를 뻔하고 스테이크를 썰 때 옆 사람 팔꿈치를 건드리는 등 다소의 불편함을 느끼긴 하겠지만, 스웨덴 정부에서 정성껏 마련한 만찬을 마친 노벨상 수상자들은 건축가의 아내

눈부신 황금의 방. 번쩍이는 벽면에 역사와 신화가 가득 그려져 있다.

가 수도 없이 오르락내리락했던 계단을 밟고 올라가 그 이름도 화려한 '황금의 방(Gyllene Salen)'에 들어서게 된다. 여기서 또 다른 연회가 베풀어지기 때문이다.

황금의 방은 자그마치 1,800만 개가 넘는 비잔틴 양식의 모자이크로 되어 있다. 이 모자이크에 실제로 10킬로그램의 황금이 사용되었다는데 과연 화려한 샹들리에 불빛에 사방이 번쩍거렸다. 그러나 방의 넓이에 비해 사용된 황금의 양은 터무니없이 적다는 느낌이다.

입구에 들어서면 정면 벽에, 1800년 말 이래로 스톡홀름의 별칭이 된 스톡홀름을 대표하는 '멜라렌 호수의 여왕(Mälardrottningen)'이 동서양의 중심 권좌에 앉아 있는 모습을 바로 만날 수 있다. 700명 이상을 수

225

황금의 방에서 동서양을 아우르는 위세를 떨치는 멜라렌 호수의 여왕. 이곳은 노벨상 수상자들을 위해 연회가 베풀어지는 방이기도 하다.

멜라렌 호수의 여왕 정반대편 벽면 위에 그려져 있는 목 잘린 에리크 9세.

용할 수 있는 상당히 커다란 방임에도 불구하고 여왕의 모습이 어찌나 크고 기묘한지 방에 들어서자마자 바로 압도당하는 느낌이었다. 여왕은 복부에 스톡홀름을 품고, 양손에는 각각 홀과 왕관을 들고 오른쪽에 자유의 여신상과 에펠탑으로 대표되는 서양을, 왼쪽에는 이스탄불의 아야 소피아(소피아 대성당)와 중국으로 대표되는 이국적인 동양을 아우르고 있는, 가히 세계를 평정한 위상을 보여준다.

그 밖에 사방을 둘러 가득 메운 모자이크는 스웨덴 역사상 중요한 의미가 있는 장면이나 인물들을 보여주고 있다. 그중 특이한 인물은 멜라렌 호수의 여왕 맞은편 벽에 그려진 말을 탄 사람인데, 희한하게도 말 탄 사람의 머리가 없다. 마치 말을 천장에 너무 가깝게 그린 탓에 머리

전통 한옥의 창호지 문이 연상되는 시청사의 격자 무늬 벽.

를 그릴 공간이 없었던 것처럼 보이지만, 사실 이 그림의 주인공은 목이 부러져 순교한 스톡홀름의 수호성인이자 스톡홀름시의 문장의 주인공인 에리크 9세(Erik IX, 재위 1156~1160)다.

지금까지 그에 대해 알려진 것은 그가 죽은 뒤 100년이나 뒤에 쓰인, 허구 섞인 전설이 대부분이다. 당시 웁살라 성당이 지어지고 있던 때라 스웨덴 출신의 민족 성자가 필요했고, 어디까지가 사실인지 알 수 없는 여러 전설에 따라 목이 부러져 암살당한 에리크 9세를 성화시켰을 것이다. 인위적으로 성자가 된 그는 현재 번쩍이는 황금의 방 주인인 멜라렌 호수의 여왕 맞은편에서 목이 잘린 채 스톡홀름의 수호성자 노릇을 여전히 하고 있다. 그의 유해로 추정되는 목에 금이 간 시신은 웁살라

노래를 상징하는 남자 동상(왼쪽)과 춤을 상징하는 여자 동상(오른쪽).

성당에 안치되어 있다.

　신화, 전설 그리고 역사적 상징이 가득한 '황금의 방'을 지나 시회의 장에 들어섰다. 현재 3주마다 한 번씩 시의회 의원들이 모여 회의를 하는 대단히 현실적인 장소다. 전체적으로 붉은 색감의 따뜻한 느낌을 주었는데 특히 우리 전통 한옥의 창호지 문이 연상되는 격자무늬 벽이 인상적이었다. 19미터 높이의, 서까래가 다 드러나보이는 듯한 천장도 아주 멋졌다. 바이킹시대에서 영감을 받은 디자인이라고 한다. 예전 여성 시의회 의원이 극소수였을 때, 이들의 사적 필요를 위한 방이 따로 있었는데 지금은 그 방을 남자 의원들이 사용해야 할 정도로 여성의 정치 참여가 늘어났다고 가이드가 너스레를 떨었다.

　시청사는 건조한 건물일 것이라는 편견이 무색하게 전반적으로 화려

시청사 앞, 하늘을 찌를 듯 위풍당당하게 서 있는 민중 봉기 지도자 엥겔브렉트의 동상이 인상적이다.

하고 아름다웠고 스웨덴의 우월함, 민족적 자부심이 곳곳에 스며들어 있었다. 게다가 스톡홀름 최고 관광 명소답게 풍부한 이야깃거리와 이목을 끌 만한 볼거리가 많았다.

밖으로 나왔다. 때는 7월, 스웨덴이 1년 중 가장 눈부시게 아름다운 계절이다. 쨍쨍한 태양 아래 바로 앞에 펼쳐진 멜라렌 호수의 반짝이는 물결, 갈매기는 꺼이꺼이 울며 날아다니고, 상쾌한 공기가 넘실댄다. 시청사 정원 주변에는 몇 개의 조각상들이 서 있었는데, 그중 인상적인 작품이 멜라렌 호수를 바라보며 대칭을 이루고 있는 노래를 상징하는 남자 동상과 춤을 상징하는 여자 동상이었다.

둘 다 벌거벗은 모습이라 맨눈으로 자세히 바라보기는 민망했는데, 세워질 당시에도 꽤 물의를 빚었다고 한다. 그 외 조각상들은 '스웨덴 현대 문학의 아버지'라 불리는 작가 아우구스트 스트린드베리, 시인 구스타브 프뢰딩, 그리고 스웨덴의 렘브란트가 되겠다던 화가 에른스트 요셉손이 주인공들이다.

그런데 이들과 조금 떨어진 곳의 높은 기둥 위에 서 있는 동상이 있으니 그 주인공은 앞서 소개한 15세기 스웨덴 최초의 민중 봉기 지도자였던 엥겔브렉트 엥겔브렉트손이다. 그 역시 단신이라더니, 그래서 저렇게 높은 기둥 위에 세워놓았을까? 아니면 스웨덴 최초의 위대한 자유주의자로 칭송받는 명성에 걸맞게 누구나 우러러볼 만큼 높은 자리에 세워놓은 것일까? 시청사는 안팎으로 스웨덴의 가치를 드높이는 것으로 가득 차 있었다.

2. 스칸센 – 야외 박물관의 풍경 스케치 그리고 상념들

스칸센(Skansen)은 닐스가 스톡홀름에서 방문한 유일한 곳이다. 아니, 잡혀 있었다고 해야 옳겠다. 세계 최초의 야외 민속박물관인 스칸센은 우리나라로 치면 용인 민속촌 같은 곳이다. 스웨덴에 와서 한꺼번에 이렇게 많은 사람을 본 곳은 스칸센이 처음이었다. 스톡홀름 시내가 왜 그리 한적한가 했더니 모두 스칸센에 와 있었나 보다.

1891년에 세워진 스칸센 역시 시청사와 마찬가지로 내셔널 로만 정신으로 가득 채워져 있다. 차이점이 있다면 시청사는 역사적 사건들이나 인물들을 비유적이고 상징적으로 표현한 그림, 조각품들로 꾸며져 있는 반면, 스칸센은 탄성이 나올 만큼 스웨덴의 옛 모습을 구체적으로 구현해놓았다는 것이다. 그러나 두 곳 모두 민족적 자부심과 애국심으로부터 탄생했으니 표현 방식만 다를 뿐, 뿌리는 똑같다.

스칸센의 설립자인 아르투르 하젤리우스(Artur Immanuel Hazelius, 1833~1901) 박사는 '스칸디나비아 언어학'으로 웁살라대학에서 학위를 받은 후, 나라를 사랑하는 혈기왕성한 젊은이답게 스웨덴 국토 순례를 떠났다. 19세기 중반 당시, 다른 유럽 지역과 마찬가지로 스웨덴은 기운차게 산업화를 추진하는 중이었고 이 때문에 전통적인 농경 사회는 급속한 변화를 겪고 있었다. 토지개혁으로 농지가 재분배되면서 옛 마을은 사라져가고 농촌 생활상도 변하고 있었다. 농업은 상업화되었고 땅을 잃은 농민은 철도 공사장이나 조선소, 공장 등으로 일자리를 구해 떠났다. 게다가 1860년대 말, 큰 흉년으로 더욱 살기가 어려워진 많은 사람들이 조국을 버리고 이민을 떠났다.

청년 하젤리우스는 여행을 하면서 이 모든 급격한 변화를 자신의 눈으로 직접 확인할 수 있었는데 특히 달라르나 지방을 방문했을 때는 이러다가 스웨덴의 옛 모습이 모두 사라질지 모른다는 심각한 두려움을 느꼈다. 그때부터 그는 옛 농가 문화를 보여주는 옷가지들이며 가재도구, 가구 등 후손에게 물려주어야 할 모든 것들을 수집하기 시작했다.

1873년 그는 수집품을 모아 스톡홀름에서 첫 박물관 문을 열었는데, 주로 옛 농가의 소품과 민속의상을 입은 실물 크기 인형이 세워진 농촌 가옥들이 전시되었다. 이것이 북방민족박물관(Nordiska Museet)의 전신인데, 그는 이 박물관을 "스웨덴 국민의 자산"이라며 대단히 자랑스러워했다.

스칸센에 꾸며진 스코네 지방의 농가 전경.

생생한 민속박물관인 스칸센을 설립한 하젤리우스 박사의 소박한 묘.

스칸센에 꾸며진 동예틀란드 지방의 농가에서 그물 짜는 방법을 배우는 관광객.

스칸센 내 옛 약국에서 약초 설명을 듣는 관광객.

그러나 하젤리우스는 이런 정도의 전시물이나 박물관으로는 만족할 수 없었다. 그는 완벽한 환경 그러니까 자연 풍경 그대로, 당시 의상까지 갖춰 입은 사람들이 당시 키우던 가축을 키우며 실제 거주하는, 그야말로 그 시대를 완벽하게 구현한 제대로 된 집을 보여줌으로써 역사와 민족의식을 고취시키고 싶었다. 즉, '그때 그 모습 그대로'의 옛 촌락을 꾸며 옛날 스웨덴 사람들이 어떻게 살았는지 한눈에 보여주고 싶었던 것이다. 이러한 야외 박물관에 대한 그의 생각은 1885년 달라르나 지방의 모라(Mora)에서 오두막 한 채를 수집하면서 확고해졌다. 1891년에 그는 스칸센 한 귀퉁이 땅을 사들였고, 그 땅은 기존의 박제된 박물관과는 다른 방식으로 민속과 문명의 역사를 보여주는, 살아 숨 쉬는 야외 박물관 '스칸센'의 첫 부지가 되었다.

　19세기 말, 스웨덴 사람들의 마음속은 이처럼 나라와 국토를 사랑하는 민족의식으로 가득 차 있었다. 1907년에 출간된 『닐스의 신기한 여행』에도 조국 스웨덴에 대한 작가의 사랑이 진하게 녹아 있다. 오늘날 세계 최고의 복지국가로 발전시킨 스웨덴의 정치 주류인 사회민주당의 씨앗도 이때 뿌려졌으니 이들의 사회민주주의 토양에는 민족주의라는 퇴비가 두툼하게 깔려 있음을 알 수 있다. '모든 국민이 한 가족'이라는 이들의 공동체적 가치가 오롯이 담겨 있는 '인민의 집(folkhemmet)' 정신도 이 씨앗에서 자란 줄기다.

　스칸센은 산업화되기 이전의 스웨덴의 미니어처다. 공기도 빠져나가기 어려워 보일 만큼 빈틈 없는 포장 솜씨가 놀라운 조립 가구 회사 이케아가 어느 날 뚝딱 생긴 것이 아니다. 외양간, 낙농가, 양돈장, 건초 저장고 등 전국 각지에서 뜯어내어 복구할 수 있는 것은 무엇이든 가져와

달라르나에서 가져온 최초의 건물인 모라 농가의 전경.

서 스칸센에서 그대로 조립 재건하였다. 닐스의 고향인 스코네 지방을 재현해놓은 곳에서는 거위 떼가 돌아다니고 있었고, 어떤 농가에서는 스웨덴 전통의 납작빵을 무료로 구워주었다. 스칸센과 비슷한 노르웨이의 민속박물관과는 완전히 다른 후한 인심이다. 노르웨이에서는 사 먹었다.

  투박하다 못해 허름하기까지 한 옛 농가와 대대로 그 농가 주변을 맴돌며 살아온 가축들, 보로스 지방 촌구석에 있던 세글로라(Seglora) 교회, 스웨덴에서 가장 토속적이라는 달라르나 지방의 모라 농가, 욀란드 섬의 풍차, 심지어 직접 가서도 절대 보기 어려울 것 같은 저 북쪽에 산다는 사미족의 캠프에 이르기까지 스칸센이 아니면 어찌 한눈에 볼 수 있으랴! 하젤리우스 박사에게 마음속 깊이 경의를 표하지 않을 수 없었다. 그의 개인적인 노력과 열정이 기억 속에나 머물러 정지해 있을 뻔했던 스웨덴 민족의 역사에 살을 붙이고 피를 돌게 해서 스칸센을 생명의 공간으로 재탄생시킨 것이다. 그러나 헬레스타드 종탑 옆 그늘진 곳에 있는 하젤리우스 박사의 무덤을 찾는 이는 드물었다.

어디선가 아름다운 현악기 선율이 들려왔다. 깔끔한 스코가홀름 장원(Skogaholms herrgård)의 멋진 거실에서 바로크풍의 드레스 예복을 갖춰 입은 천사 같은 악사들이 실내악을 연주하고 있었다. 우리가 들어서자 때마침 일어서는 사람들이 있어 바로 자리를 잡고 앉을 수 있었다. 얼마나 아름다운 분위기였던지, 먼 옛날 돈주머니에 얽힌 살인 사건이 발생해서 이 장원 다락방에서 시체가 발견되었다는 끔찍한 사실은 전혀 떠오르지 않고, 그림이나 영화 속으로 들어온 것 같은 착각이 들었다. 악사들은 인형처럼 아름다웠고 현악기 선율은 눈이 절로 감길 만큼 감미로웠다.

스코가홀름 장원만 고전적일 뿐 어디선가 쿵쾅거리는 요란한 소리가 들렸다. 여름이면 매주 화요일 밤 '스칸센에서 다 함께 노래를(Allsång på Skansen)'이란 프로그램이 진행되는데 그 리허설을 하고 있었다. 1935년 약 50명의 관객을 앞에 놓고 처음 시작했던 쇼였는데 지금은 매 공연마다 많게는 2만 5천 명 이상의 관객이 몰리는 대형 쇼가 되었고 1979년 8월부터는 텔레비전에서 생중계되고 있다.

우리가 우연히 화요일에 스칸센을 방문한 것이다. 그래서 사람들이 그렇게 많았나 보다. 잠시 서서 얼쩡댔지만 아는 노래도, 아는 가수도 없는 공연이 재미있을 리가 없다. 스웨덴에서는 아주 인기 있는 프로그

갈레안 홀에서 댄스를 즐기는 노년들. 이분들의 노력으로 세계 최고의 복지국가를 이루었으니 노년에 이런 여유를 즐길 만도 하다.

램이라지만 우리나라의 '열린 음악회'에 비하면 규모나 질은 한참 떨어지는 것 같았다.

아이들과 함께 아이스크림 가게를 찾아 동쪽으로 가다 보니 또 다른 음악소리가 흥겹게 들려왔다. 갈레안(Galejan)이라는 댄스홀에서 나는 소리였다. 아이스크림을 입에 물고 갈레안에 갔다. 스웨덴은 노인의 나라다. 댄스홀에서는 상당히 연로해 보이는 할아버지 할머니들이 서로 부둥켜안고 흥겹게 춤을 추고 있었다. 동작은 다소 굼떠도 어찌나 자연스럽고 조화롭던지 마치 춤이 생활의 일부인 듯 보였다. 아니면 모두 관절염 치료약 광고 중이시던가! '춤추는 노년'을 바라보니 마음이 따뜻

스코가홀름 장원의 인형처럼 아름다운 악사들.

해졌다. 몸만 건강하다면 기본적인 생활권이 보장된 노인의 삶이란 얼마나 여유로울 것인가?

이들 '춤추는 노년' 뿐만 아니라 내가 자주 이용하는 말뫼시립도서관에서는 '책 읽는 노년'도 많이 만난다. 때로 간이 열람실에 앉아 있는 사람들 중 절반 이상이 70대 이상, 80대도 넘어 보이는 노인들이다. 그리고 가끔씩 '일하는 노년'도 만난다. 여름에 길고긴 휴가를 떠나버리는 젊은이들의 빈자리를 채우는 이들이 바로 노인들이기 때문이다. 공원에서는 '운동하는 노년', 거리에서는 '개와 산책하는 노년', 마트에서는 건강식품 위주로 '장 보는 노년' 등 어디서나 '여유 있는 노년'을 쉽게 만날 수 있다.

나는 마트에서 장을 보면서 꼿꼿하고 정정하게 나이든 노년을 만나면 반드시 장바구니를 슬쩍 훔쳐본다. 평소 식생활을 어떻게 하면 저렇게 탄탄하게 늙을 수 있을까 궁금하기 때문이다. 얼마 전에는 아이들을 데리고 콘서트홀에 연주회를 보러 갔었는데 청중의 80%가 노인이었다. 물론 노인을 위한 연주회가 아니었다. 연주회 중간 휴식 시간에 아이들과 함께 코코아를 마시러 간이 카페에 갔는데, 하이힐에 정장을 갖춰 입고, 빨간색 립스틱에 향수까지 뿌린 '연주회를 즐기는 노년'들이 우아하게 포도주를 즐기고 있었다.

그러나 나이 많은 노인들도 이른바 '시설'에 들어가는 것은 달가워하지 않는다. 평생 살아오던 집에서 살 수 있을 때까지 끝까지 버틴다고 한다. 스웨덴에 와서 처음 1년 동안 살았던 아파트 바로 앞집에 91세 할머니가 사셨는데, 자택에서 살고 있는 '활동이 원활하지 못한 노년'을 스웨덴 정부가 어떻게 돌보는지 보게 되었다. 그 아파트에서 50년 동안 사셨다고 하니 아마 첫입주민이셨을 거다. 자식이 없는 분인데 사회복지사들이 매일 서너 시간씩 와서 빨래, 식사 준비 등 일상적인 일을 도와드리고 일주일에 한 번은 미니버스가 와서 할머니를 모시고 재활센터나 노인들의 사교모임 같은 곳에 간다.

누군가 그랬다, 스웨덴은 자식들이 효도할 기회를 주지 않는다고. 설령 자식이 있다고 해도 그 노인의 삶은 마찬가지일 것이다. 물론 자식이 있다면 어떤 주말이나 휴가 때에는 자식들과 손주들을 만나는 즐거움은 누리실 거다. 그러나 그저 그뿐이다.

혼자 사는 노인의 외로움까지 국가가 감당해줄 수는 없겠지만 적어도 40년 정도 일을 하고 은퇴한 평범한 스웨덴 국민이라면 국가의 보살핌 속에서 안정적인 노후를 보낸다. 따라서 스웨덴 사람들은 세금을 많이 내는 것에 그리 큰 불만이 없다. 직장에서 40년 간 일하다가 퇴직한 '연금받는 노년' 한 분을 알게 되었는데, 일을 하지 않았는데도 적지 않은 돈이 통장에 들어온 것을 보고 정말 깜짝 놀랐다며 스웨덴 국민이란 사실을 진심으로 감사해하셨다.

스웨덴의 노인 정책은 다른 유럽 국가에 비해서도 월등하다는 평가를 받는데 그 이유는 노인 문제를 사회복지 정책이 논의되던 초창기부터 가족 문제가 아니라 사회 문제로 다루었기 때문이다. 얼마 전 스웨덴 신문에 한 노인이 텔레비전을 보다가 쓸쓸히 임종을 맞이했다는 기사가 실렸다. 우리나라에서라면 부모의 임종을 지키지 못한 자식들에게 비난이 돌아갔겠지만, 스웨덴에서는 비난의 화살이 요양원과 사회복지사에게 쏟아졌다. 직무 유기로 말이다. 그런데 노인 문제가 사회 문제로 다루어지면서 정책면에 있어서는 월등할지 모르겠지만 노인이 되면 가족으로부터는 멀어지게 된다. 노인은 가족이 아니라 사회의 획일적인 보살핌을 받는 존재가 되어 버리는 것이다. 노인이 되면 사회의 보살핌을 받든 스스로를 보살피며 살아야 하든 외로움과 쓸쓸함에서 벗어날 수는 없는 듯하다.

지금은 우리나라도 예전과 달리 자식들의 보살핌을 기대하기는 어려운 때가 되었다. 게다가 가족의 보살핌도 사회의 관심도 받지 못하는 '생존마저 위협받는 사각지대 노년들'이 많다는 우울한 신문기사를 여러 번 본 기억이 난다. 외로움을 잠시 잊은 노년들의 흥겨운 춤을 보며 나와 친구들의 노년, 그리고 아이들 교육비에 허리가 휘는, 그럼에도 불구하고 스스로를 보살피며 살아야 하는 현재 한국의 중년이 맞이할 고달플 노년에 대해 이런 저런 상념에 빠졌다.

그러나 그것도 잠시, 아이들이 동물원에 가서 말코손바닥사슴을 보자고 성화를 댔다. 『닐스의 신기한 여행』에 너무나 멋진 말코손바닥사슴 '그로펠'이 등장하기 때문이다(본문 7장 참조). 스칸센이 살아 있는 박물관인 이유가 여기에도 있다. 아프리카나 아시아 등지에서 잡아 온 동물은 한 마리도 없이 오로지 스칸디나비아에 사는 갖가지 야생동물과 스웨덴 국내 동물들만 스칸센에 터를 잡고 살고 있기 때문이다. 특히 사향소를 제외하고 말코손바닥사슴, 스라소니, 울버린과 늑대 등 스웨덴 북부 지역의 사파리에서 볼 수 있는 이른바 '대형동물 여섯 종류(big six)' 중 다섯 종류가 살고 있는데 모두 숲을 지나가다가 우연히라도 만나면 눈앞이 캄캄해질 거친 동물들이다. 아이들이 잡아끄는 대로 동물원 쪽으로 향했다.

스웨덴 동물의 대표 선수라 할 수 있는 말코손바닥사슴은 지역에 따

스칸센의 말코손바닥사슴. 말코손바닥사슴은 스웨덴을 대표하는 동물이기도 하다.

라 무스나 엘크라고 불리는데 거대한 몸집의 사슴과에 속하며 주로 스웨덴 중북부 지역에 서식한다. 한때 멸종 위기까지 갔다가 적극적인 보호 정책으로 지금은 개체 수가 많이 늘어서 일정 기간 사냥도 가능하며 고기 맛도 아주 좋다고 한다. 내가 사는 도시인 말뫼 시내에도 무스 고기를 요리해서 파는 레스토랑이 있다.

 직접 보니 생각보다 몸집이 큰, 거칠고 못생긴 늙은 사슴이었다. 내가 상상했던 그로펠은 왕자님처럼 잘생긴 수꽃사슴이었던 것이다. 그런데 어째 움직이지 않을까? 그 앞에서 아무리 손짓을 하고 폴짝폴짝 뛰어도 꿈쩍도 하지 않았다. 갇혀 지낸 시간이 그를 무감하게 만들었나 보다. 그로펠도 동물원에 팔려갔으면 저런 무감한 눈빛으로 평생을 살았을지 모른다. 저 말코손바닥사슴에게는 카르 같은 친구가 없어 숲을 아예 잊어버린 게 분명하다.

그러나 독수리 고르고는 친구인 닐스의 도움으로 스칸센에서 탈출할 수 있었다. 기러기 대장 아카가 자식처럼 보살핀 독수리 고르고가 어느 날 스칸센 우리에 갇혔던 것이다. 며칠 밤을 새워 철창을 잘라낸 닐스는, 새장 속의 일상에 젖어 자신이 하늘 높이 날 수 있는 독수리라는 사실을 잊어버린 채 졸고 앉아 있던 고르고를 흔들어 깨웠다. 고르고는 굳어가던 날개를 몇 번 펄럭인 뒤 독수리답게 하늘 높이 비상했다. 부동의 자세로 서 있는 저 말코손바닥사슴도 이 우리를 없애면 바람처럼 숲으로 달려 나갈까? 아무리 이 지역 동물들이라도 갇혀 있는 동물들의 눈은 슬프게만 보인다.

스칸센에는 동물원이나 옛 건물 등 볼거리만 있는 게 아니다. 여러 가지 이벤트를 만들면 사람들이 더 많이 모일 것이라는 게 하젤리우스 박사의 생각이었다. 그래서 역사 관련 이벤트와 각종 민속 축제, 각 지방의 고유한 춤과 민속춤 축제, 바사 왕의 스톡홀름 입성을 기념하는 6월 6일 등 각종 행사가 스칸센에서 화려하게 열렸는데 그러한 전통은 지금까지도 계속되고 있다.

스칸센은 뭔가 풍부하다는 느낌이 들었다. 단순히 볼거리가 많고 다양해서가 아니다. 들춰 보면 재미있는 이야기가 몇 겹은 더 숨어 있을 것 같고, 우리 속에 앉아 있는 동물들마다 뭔가 진한 자기만의 절절한 사연을 들려줄 것 같았다. 하젤리우스 박사가 의도했던 게 바로 이런 맛이 아니었을까 싶다. 그는 역사를 박제된 정물이 아니라 살아 숨 쉬는 생명체로 만들었다. 그리하여 시공을 초월한 소통의 맛을 우리에게 선

사하고 있다. 스칸센을 몇 바퀴 돌았는데도 뭔가 놓친 듯 아쉬움이 들었다. 닐스가 왕궁 등 볼거리 많은 이 스톡홀름에서 방문한 곳이 딱 한 곳 바로 이 스칸센이었던 이유를 알 것 같았다.

3. 바사박물관 – 바다에서 낚아 올린 333년

바사박물관(Vasamuseet)은 스웨덴에 온 첫해, 늦가을에 다녀왔다. 여행하기에 계절이 참 좋지 않았다. 겨울이 코앞에 다가와 있던 때에 비까지 추적추적 내렸다. 그 을씨년스러움 속에서 대중교통을 이용하며 아이들과 함께 다니는 일은 이만저만 고생스러운 일이 아니었다. 원래 그때의 스톡홀름 방문은 여행 목적이 아니었기 때문에 시간을 아껴가며 '여기 가보자, 저기 가보자' 할 기력도 흥미도 별로 없었다. 여기까지 왔으니 바사박물관에라도 들르자 해서 갔었다. 그러나 지금은 나에게 스톡홀름에서 갈 만한 곳 세 군데를 추천하라고 한다면 그중에 바사박물관을 반드시 넣을 것이다.

오전에 잠깐 개인적인 볼일을 보고는 오후에 트램(전차)을 타고 바사박물관에 갔다. 바사박물관은 스칸센이 있는 유르고덴(Djurgården) 섬에 있다. 유르고덴은 스웨덴어로 '동물정원' 또는 '동물농장'이란 뜻인데 그 이유인즉, 16세기 중반 바사 왕이 가톨릭 교회로부터 이 땅을 몰수한 뒤 왕실 사냥터로 사용했기 때문이다. 일반인에게도 개방된 18세기부터 이 섬은 보통 사람들의 인기 있는 쉼터이자 휴양지가 되었다. 여행하기 좋은 계절이 아닐 뿐 아니라 날씨도 좋지 않아서 박물관에 사람들이 거의 없을 줄 알았는데 생각보다 꽤나 많았다. 스칸디나비아에서 가장 많이 방문하는 박물관이란 광고가 빈말이 아닌 모양이다. 닐스가 여행을 다니던 시절에 전함 〈바사호〉는 발트해 깊은 물속에 잠겨 있었기 때문에 안타깝게도 닐스는 이 어마어마한 욕망의 역사적 상징물을 볼 수 없었다.

〈바사호〉는 박물관에 들어서자마자 바로 만나게 된다. 얼핏 봐서는 그 흉물스러움이 캄캄한 밤바다를 떠돌았던 유령선이 아닐까 하는 생각마저 들게 했다. 하긴 333년이나 깊은 바닷속에 박혀서 소금기와 온갖 박테리아의 침입을 받으며 온몸에 번지는 녹까지 견뎌야 했으니 첫 출항 당시 아무리 찬란했던들 어찌 흉물스럽게 변하지 않을 수 있었겠는가? 사실 배를 바다 위로 끌어올리기 전에는 이 정도까지 형태를 갖추고 있으리라고는 생각도 하지 못했을 것이다.

1628년 8월 어느 날, 처녀 항해에 발포 한 번 하지 못하고 어이없이 침몰한 전함 〈바사호〉는 '북방의 사자' 구스타브 2세 아돌프의 야심작이었다. 이름이 '바사'여서 바사 왕이 만든 배가 아닌가 혼동할 수 있지만, 자랑스러운 바사 왕조의 후손이었던 구스타브 2세 아돌프가 왕조의 이름을 따서 지었다. 때는 구스타브 2세 아돌프와 그의 환상적인 정치 콤비였던 재상 악셀 옥센셰르나(Axel Oxenstierna, 1583~1654)가 스웨덴의 부국강병을 위해 대단히 공격적인 외교 정책을 추진했던 시기로 스웨덴의 위상이 유럽 내에서 한창 올라가고 있던 시절이었다.

당시 스웨덴은 발트해의 통행세 징수를 놓고 폴란드와 대단히 중요한 전쟁을 벌이고 있었다. 1625년 구스타브 2세 아돌프는 네 척의 새로운 전함을 건조하라고 명했다. 그중 첫 번째 전함이었던 〈바사호〉는 스웨덴 전함의 역사를 다시 쓸, 그야말로 스웨덴 해군의 자존심이 될 것이

17세기의 〈타이타닉호〉라고 부를 만한 전함 〈바사호〉. 처녀 항해 때 침몰했다가 330여 년 만에 모습을 드러냈다.

었다. 수백 명의 기술자들이 모여 2년이 넘는 기간 동안 매달렸고, 구스타브 2세 아돌프도 전쟁 중에 간간이 진행 과정을 들여다보면서 "스웨덴의 번영은 첫 번째는 신에게 달려 있지만 두 번째는 해군에 달려 있다."고 말하곤 했다니, 〈바사호〉에 대한 관심이 얼마나 컸을지 쉽게 짐작할 수 있다. 이런 〈바사호〉가 첫 항해 중 고작 1.3킬로미터를 항해하고 침몰해버렸으니 왕이 받은 충격이 얼마나 컸겠는가.

당연하게도 〈바사호〉의 어이없는 침몰의 원인에 대해 많은 연구가 이루어졌다. 그런데 뜻밖에도 첫 번째 원인으로 구스타브 2세 아돌프의 〈바사호〉에 대한 지나친 관심과 간섭이 꼽혔다. 배를 건조하는 동안 그의 요구사항은 상황에 따라, 때에 따라, 자주 바뀌었다. 심지어는 직접 도안을 그려 그대로 만들 것을 요구하기도 했으니 몇 차례 배 건조업자와 마찰도 있었다. 그러나 지엄하신 왕의 분부였다. 이미 작업 중에 있던 터라 배의 전체적인 몸체를 늘리는 것은 불가능했기 때문에 상체 부분만 커지고 높아졌다. 그러니 그렇게 큰 배가 돌풍 따위에 무게 중심을 잡지 못하고 침몰하고 만 것이다. 게다가 성격이 불 같은 구스타브 2세 아돌프가 전쟁터에서 초조하게 배의 출항을 기다리고 있었으니 빨리 만들어야 한다는 시간에 대한 압박도 심했을 터였다.

또 다른 중요한 원인은 배 건조의 총책임자였던 네덜란드인 헨리크 히베르트손(Henrik Hybertsson)이 배가 완성되기 1년 전에 병으로 사망했다는 것이다. 당시 네덜란드식 배 건조 방식은 기술적 도안 없이 주로 경험에 의해 진행되었다. 따라서 그 후임자들은 전체적인 배의 설계도도 파악하지 못했다고 한다. 게다가 분담해서 일하던 사람들 사이의 의사소통도 원활하지 않아 작업 자체가 일사불란하게 통제되지도 못했다. 이러한 커다란 프로젝트가 주먹구구식으로 전개되었다는 것이 이상하지만, 그때까지 두 개의 포열 갑판에 예순여섯 개나 되는 대포를 탑재한 커다란 배는 당시 배 만들기 최고의 장인이었던 헨리크 히베르트손에게도 처음이었다고 하니, 왕의 욕심을 당시 기술력으로는 감당할 수 없었던 것이다. 그렇다면 두 번째 원인 제공자 역시 왕이 된다.

또 한 가지 심각한 원인은 출항하기 전에 행해진 안전 검사에서 〈바사호〉가 불합격 판정을 받았는데 이에 대해 문제제기한 사람이 아무도 없었고, 심지어 무시되었다는 사실이다. 이 중요한 사실을 왕에게 목숨을 걸고 직언할 충성스러운 부하가 없었던 것도 침몰의 한 중요한 원인으로 꼽힌다. 그렇다면 이 또한 왕의 책임이 아닌가? 실제로 배가 침몰

바사박물관에 전시되어 있는 실물의 10분의 1 크기인 〈바사호〉 모형.

한 이유야 배가 무게중심을 잡을 수 없게 설계된 기술적 결함에 있겠지만 그 결함의 원인을 제공한 것이 무엇이었나를 생각해보면 〈바사호〉는 오늘날 우리에게도 큰 교훈을 준다. 그럼에도 불구하고 사고 당시에는 이 엄청난 재난에 책임을 질 사람이 없어 결국엔 아무도 처벌받지 않았다고 한다. 현재 스웨덴 상황과는 아주 다르다.

〈바사호〉가 무려 333년 동안이나 바닷속에 들어앉아 있었음에도 큰 손상 없이 형태가 유지될 수 있었던 이유는 침몰 장소가 항구 주변이라 폭풍우와 격랑을 피할 수 있었다는 점과 바닷물의 염도가 낮아 나무를 갉아대는 미생물이 많지 않았다는 점이라고 하지만, 그보다는 첫 출항 즉시 침몰했기 때문일 것이다. 일반적으로 전함의 운명이 해상에서 장렬한 최후를 맞이하는 것임을 생각할 때, 〈바사호〉의 침몰은 구스타브 2세 아돌프에겐 땅을 칠 일이었으나, 멀쩡한 모습으로 세상 빛을 다시 보게 되었으니 후세의 역사가들에게는 17세기 초의 조선술과 해상 전쟁에 대한 많은 연구 단서들을 제공하는 보물이 되었다. 1670년 이전의 배에 관한 기록이나 그림이 거의 남아 있지 않기 때문이다.

그뿐 아니라 배가 가라앉으면서 튕겨져 나온 옷가지며 무기, 대포, 연장, 동전, 식기류 등 잡다한 유물들이 주변에 널려 있었는데, 이 역시 당시 스웨덴 생활상을 들여다볼 수 있는 중요한 자료가 되었다. 어떻게 이 모든 것들이 300년이 넘는 물때를 벗고 이렇게 고스란히 우리들 눈앞에 진열될 수 있을까? 그저 놀라울 따름이었다.

또 한 가지 특이한 점은 전함임에도 불구하고 배에 수많은 호화로운 조각품 장식이 있다는 것이다. 아니, 오히려 전함이어서 더 많을 것이다. 고대부터 배는 인간과 운명을 함께해왔다. 먼 옛날, 바다는 육로를 막아 인간의 활동 영역을 제한하는 장벽이었다. 하지만 그 너머 세계에 대한 인간의 상상력과 동경은 장벽을 넘어 뻗어나갔고, 배는 멀고 먼 미지의 세계에 인간을 데려다주고 그 이국 세계와 소통의 길을 터주는 다리 역할을 했다.

그러나 돛을 올리고 거친 물살을 가르며 무엇이 앞에 놓여 있을지 모르는 망망대해로 떠날 때엔 아무리 용감한 바이킹이라도 살 떨리는 두려움이 엄습했을 것이다. 바다 위에서는 인간과 배가 같은 운명일 수밖에 없었으니 배에게도 신의 가호가 절실히 필요했다. 그래서 고대부터 사람들은 신의 가호를 바라는 특별한 주술적 장식, 그러니까 신이나 독수리, 고대 영웅들 또는 백조와 거위 형상을 만들어 배를 장식했다.

〈바사호〉의 장식품들. 호화로운 장식으로 신의 가호를 기원한 왕의 욕망은 첫 항해에 침몰이라는 비극으로 보답받았다.

　신의 보살핌이 더욱 절실했던 전함이었기에 〈바사호〉는 신의 가호를 비는 조각상들을 더욱 많이 담아야 했을 것이다. 바로 침몰해버리는 통에 이런 조각상들이 아무 힘도 발휘할 수 없는 것들임이 바로 밝혀졌지만 말이다. 더욱이 〈바사호〉의 장식품들은 신의 가호뿐 아니라 당시 스웨덴의 위상과 구스타브 2세 아돌프의 위엄과 야망을 상징하고 그를 칭송하는 의미까지 있었으니 배는 더없이 화려하게 장식되었다.

　특별히 이 조각상들만을 연구해서 쓴 두툼한 논문이 따로 있을 정도로 배에 장식된 조각상들은 다채롭고 의미심장하다. 다양한 유형의 벽기둥에 붙어 있는 헤르메스 조각상, 실물 크기의 전사들과 기사들의 인물상, 마스크들, 기괴한 모습의 인간과 동물들, 문장을 나타내는 조각상, 발가벗은 어린이상 등 모두 453개의 크고 작은 조각상과 수백 개가 넘는 다양한 장식품이 바다 밑에 파묻혀 있다가 발굴되었다.

배가 침몰한 직후 몇 차례 인양 시도가 있었으나 모두 실패했다. 20세기 중반에 들어선 시점에서도 발견된 뒤 인양까지 5년의 시간이 걸렸으니 당시 기술력으로는 어림도 없었을 것이다. 그 후, 바다 위에 뭔가 표시를 할 수도 없는 일이어서 〈바사호〉의 침몰 지점은 사람들의 기억 속에서 희미해져갔고 그 존재에 대한 관심조차 사라졌다.

이로부터 300년이 지난 후, 난파된 보물선을 찾아 모험을 떠나는 꿈을 가진 소년이 있었다. 소년은 자라서 아마추어 고고학자가 되었고, 몇 년 간 〈바사호〉의 침몰 지점을 찾던 끝에 1956년에 〈바사호〉에서 떨어져 나온 나뭇조각을 발견했다. 그가 영원히 수장될 뻔한 〈바사호〉에게 다시 세상 빛을 보게 한 안데르스 프란젠(Anders Franzén, 1918~1993)이다. 그다음 해부터 인양 작업이 시작되어 몇 년 동안의 준비를 마친 후 1961년 드디어 〈바사호〉가 물 밖 세상으로 건져 올려졌다. 아무리 바닷속에서 놀랄 만큼 잘 보존되어 있었다 해도 복구 작업에 어마어마한 노력이 들어갔음은 말할 것도 없다. 침몰 당시 부서진 수천 개의 조각들을 전부 짜맞추어야 했으니 말이다. 이 작업은 1990년대까지 계속되었는데, 현재 전시되어 있는 전함의 몸체 95%가 본래의 자재를 그대로 사용해서 재구성했다고 하니 경이롭지 않을 수 없다.

나는 바사박물관의 주인공은 복구된 〈바사호〉가 아니라, 복구 과정에 들어간 수많은 사람들의 땀과 노력이라고 생각한다. 이러한 복구 작업은 〈바사호〉가 17세기 당시 유럽 열강으로 발돋움하면서 승승장구하던 스웨덴의 기세와 위상을 집약적으로 나타내는 상징적 의미를 지니고 있기 때문에 오늘날 국민들의 민족의식 고취를 위해서라도 국가적인 차원에서 중요한 일이었을 것이다. 지금은 컴컴한 몸체로 변했지만 수 년 간의 연구 끝에 원래의 색감을 찾아 만든 10분의 1 크기의 모형 〈바사호〉는 당시 찬란했던 자태를 유감없이 보여주고 있다.

앞으로의 보존 문제 역시 커다란 과제다. 가장 좋은 방법은 산소가 없는 어두운 공간에 보존하는 것인데, 세계적인 문화유산을 아무도 보지 못하게 하는 것 역시 바람직하지 않아 현 상태를 유지하면서 〈바사호〉의 노화와 훼손을 막기 위해 당국은 각고의 노력을 기울이고 있다.

'이왕 볼일을 보러 여기까지 왔으니 바사박물관에라도 들러보자' 했던 나의 태도가 정말 무색했다. 산해진미를 차려놓은 잔칫집에 고작 허기나 면하려고 갔으니 가기도 전에 주인의 정성을 완전히 무시한 셈이었다. 식탁 위에 올라온 모든 음식을 제대로 맛보지 못했다는 커다란 아쉬움을 갖고 바사박물관을 나오면서 스톡홀름에 온 목적의 순위를 바꾸었다. "바사박물관을 보러 스톡홀름에 왔으니 더불어 '나의 볼일'까지 보면 좋겠다."로 말이다. 바사박물관 관람 하나만으로도 스톡홀름에 온 보람을 느낄 수 있었다.

웁살라
학문이 다스리는 도시

옛날 웁살라에 한 학생이 살았다. 그는 똑똑하고 공부도 잘하고 인품도 좋은, 한마디로 아주 훌륭한 학생이었다. 그런데 늘 행복하고 자신감이 넘치던 그에게 불행이 닥쳤다. 마지막 시험을 보는 날 아침, 친구가 찾아와 읽어달라며 준 원고를 잃어버리고 만 것이다. 그 원고는 친구에게 거의 인생이 달렸다 할 만큼 너무나 중요한 것이었다. 그는 자신의 실수 때문에 불행에 빠진 친구를 걱정하느라 시험에 집중할 수 없어 결국 마지막 시험에 떨어지고 말았다.

그런데 그를 가장 괴롭힌 것은 시험에 떨어졌다는 사실이 아니라 "다른 사람을 불행하게 만들었다는 죄의식을 평생 가져야 하는 것"이었다. 다행히 닐스의 도움으로 잃어버렸던 원고를 찾게 되어 친구의 불행은 수습되었고, 닐스는 학문이 지배하는 도시 웁살라에서 진정 훌륭한 학생이라면 어떤 태도를 가져야 하는지 분명하게 배울 수 있었다.

닐스는 여행 도중에 친구가 된 까마귀 바타키의 등을 타고 웁살라를 둘러본다. 바타키는 닐스에게 웁살라가 어떤 도시인지 알아맞혀 보라고 한다. 몇 번 틀린 대답을 한 뒤, 결국 "모르겠다."며 고개를 흔드는 닐스에게 바타키는 대단히 엄숙한 표정으로 "이 도시는 학문이 다스리고 있다."고 말해주었다.

바타키의 말대로 웁살라는 스웨덴에서 가장 오래된 대학인 웁살라대학이 자리 잡고 있는 학문의 도시이다. 스톡홀름, 예테보리, 말뫼에 이어 스웨덴에서 네 번째로 크다지만 인구가 15만도 채 되지 않는 작은 도시 웁살라는 스웨덴의 지적, 학문적 토양의 근거지로 세계 지성의 역사에 굵직한 자취를 남긴 학자들을 다수 배출한, 도시 전체가 진리의 상아탑 같은 곳이다. 오늘날 전 세계가 부러워하는 복지국가 스웨덴을 키우고 지탱하는 힘의 근원이 어느 곳에 그 뿌리를 대고 양분을 빨아들이는지 알고 싶다면 웁살라를 놓쳐서는 안 될 것이다.

웁살라는 세 번 방문했다. 시내는 걸어서 반나절이면 대충 돌아볼 만큼 작지만, 모든 장소들이 진지한 이야기를 담고 있어 쉽게 발걸음을 옮기기가 어려웠다.

1. 웁살라대학 – 복지, 비틀린 민족주의의 아름다운 결과물

웁살라대학은 칼마르 동맹 시기인 1477년, 가톨릭의 대주교에 의해 세워졌고 당연하게도 처음에는 가톨릭의 본거지였다. 처음 학생 수는 50명에 불과했는데 이마저도 권력다툼으로 인한 정치적 불안으로 제대로 운영되지 못했다. 게다가 칼마르 동맹을 해체하고 스웨덴을 독립시킨 바사 왕이 종교개혁을 받아들여 루터교로 개종했기 때문에, 당시 가톨릭 교회의 딸 노릇을 하고 있던 대학은 그 존재 기반마저 희미해졌다. 그 후 수십년 간 웁살라대학은 알맹이 없는 껍데기 기관이었다.

그러나 17세기 초, 웁살라대학에 획기적인 발전의 토대가 마련되는데, 바로 구스타브 2세 아돌프에 의해서였다. 당시 스웨덴은 군사강국이자 관료제가 잘 발달된 국가였다. 당연히 국가는 유능한 공무원이 필요했고 이를 양성할 기관 역시 필요했다. 왕은 자신의 개인 땅인 수백 개의 농장과 숲 등 어마어마한 재산을 대학에 기부했고, 외국으로부터 저명한 교수들이 웁살라대학에 초빙되었다. 학생 수도 몇 배로 늘었으며 대학에 갑자기 활기가 넘쳤다. 이때 웁살라대학에서 배출된 인재들이 바로 스웨덴인들이 자랑스러워하는, '양심적인 의무감을 지닌 공무원'의 전통을 세웠던 것이다.

그러나 재정적으로 튼튼하고 교수와 학생 수가 늘었다고 대학의 명

성이 갑자기 높아지는 것은 아니다. 웁살라대학에 제대로 스포트라이트를 비춘 사람은 1741년에 서른네 살의 나이로 교수로 임용된 위대한 식물학자 칼 폰 린네이다. 전 유럽에서 그의 제자가 되기 위해 수많은 학생들이 몰려들었고 그 역시 학생들과 연구단들을 호주와 일본에 이르는 세계 각지에 보냈다. 린네 덕분에 18세기 중반까지 웁살라대학은 유럽 내 자연과학 연구의 핵심기관이 되었다.

그 밖에도 당시 웁살라대학에는 섭씨 온도의 창시자인 안데르스 셀시우스(Anders Celsius, 1701~1744) 등 탁월한 학문적 업적을 이룬 학자들이 많았다. '문화대왕'이라 일컬어지는 구스타브 3세(Gustav III, 1746~1792)가 학문의 전당인 대학을 외면했을 리가 없다. 그 역시 웁살라 궁전 앞의 아름답고 커다란 정원을 대학에 기부했는데 이 또한 유명한 식물원이 되었다.

웁살라의 19세기는 일명 '학생의 세기'라 불린다. 프랑스 혁명을 계기로 교육받은 중산층이 중요한 계층으로 부각되었고 이들의 독립의식과 자아의식이 커지면서 학생들의 정치참여 의식이 높아졌다. 또한 19세기 중반 무렵에는 이들에게 민족주의적 경향이 뚜렷이 나타났다. 그래서 태어난 게 스칸센과 시청사 설립의 정신적 주춧돌이 되었던 내셔널 로만티시즘이다. 18세기가 자연과학의 시대였다면 19세기는 역사가와 문학가, 그리고 저술가들의 시대라 일컬어진다.

다리가 아파 대학 본관 앞 벤치에 잠시 앉았다. 사실 날씨가 추워서 오래 앉아 있기도 힘들었다. 그때 뒷짐을 지고 당당한 모습으로 본관 앞에 서 있는 동상이 눈에 들어왔다. 동상의 주인공은 철학자이며 역사학자로서 웁살라대학 교수이자 총장이었던 에리크 구스타브 가이저(Erik

명재상 옥센셰르나와 양심적인 공무원의 전통

구스타브 2세 아돌프는 유럽 변방의 가난하고 소외된 나라 스웨덴을 17세기 유럽 최대의 강국으로 부상시켜 의회의 만장일치로 '대왕'이라 불리는 유일한 왕이다. 그는 16살 때 전쟁 중에 아버지의 임종을 맞았는데, 그날 이후 내내 그는 "신이 함께하시길!"이란 말을 입에 달고 살았다. 그러나 그와 함께한 것은 신이 아니라 스웨덴 역사상 최고의 명재상으로 꼽히는 악셀 옥센셰르나였다. 동시대 프랑스의 명재상이었던 리슐리외는 "만약 유럽의 재상들이 모두 모여 한 배에 타게 된다면 그 배의 키잡이는 스웨덴 재상이 되어야 한다."고 그를 칭송하였다.

사실 칼 9세가 사망한 후, 겨우 10대 소년에 불과했던 구스타브 2세 아돌프에게 귀족들이 순순히 왕관을 씌워주었을 리가 없다. 옥센셰르나는 바사 왕의 절대군주제를 종결짓고 귀족 중심의 새로운 관료 체제로 스웨덴의 통치 체계를 개혁했다. 이때 역사적으로 주목할 만한 점은 스웨덴 최초로 녹봉을 받는 공무원이 탄생했다는 점이다. 원래 직업 공무원 자리는 귀족이 차지했었다. 그러나 점차 능력 있는 관료가 필요해지면서 귀족이 아닌 계층에서도 공무원이 많이 탄생했는데, 이것은 평민들에게 신분 상승의 기회가 되었다. 이 또한 옥센셰르나의 빛나는 관료 정책 중 하나인데 스웨덴 최초의 능력중심주의의 효시라고 할 수 있다.

능력 있는 공무원을 양성하기 위해 웁살라대학에 많은 지원이 이루어졌고, 직업 공무원들은 규정에 따라 양심적인 의무감을 가지고 맡은 역할에 충실했다. 특히 사법기관에서는 누구에게나 공평히 적용되는 법을 철저히 준수했으며 담당 공무원은 '부적절한' 행동을 하지 않으면 부당하게 해고되는 일이 없었고, 온 국민이 피땀을 흘려 낸 귀중한 세금으로 월급을 받기 때문에 뇌물을 받는 일 역시 결코 없었다. 2008년 국제투명기구는 부패인식지수 조사 결과 덴마크, 뉴질랜드와 더불어 스웨덴을 세계에서 가장 청렴한 나라로 지목했는데, 스웨덴의 '양심적인 의무감을 지닌 공무원' 전통은 그 탄생에서부터 시작되었다고 많은 역사가들은 자랑스럽게 강조한다. 왕이나 기사를 겸한 귀족들이 몇 달 또는 몇 해 동안 전쟁터에 나가 있게 되면 이 공직자들이 맡은 바 임무를 최선을 다해 수행하면서 국정을 운영했는데, 17세기 중반 스웨덴의 관료제는 유럽 그 어느 나라보다 더 체계적이고 견고했다고 한다. 이 모든 관료 체계를 세운 것이 바로 옥센셰르나였다.

나는 스웨덴이 모범적인 복지국가로서 전 세계의 부러움을 한몸에 받는 동시에 귀감이 되는 이유는 딱 한 가지라고 본다. 부패하지 않은 정치인! 수상을 지낸 사람이 어떤 집에서 사는지, 국회의원의 삶은 어떤지, 정치인의 부패에 사람들이 얼마나 민감한지, 그리고 고급 공무원들이 하찮은 실수로 자리를 내놓는 것을 보면, 이 게으른 스웨덴 사람들이 참 존경스럽다. 열심히 일하지는 않지만 나랏돈을 잘 운용할 사람을 뽑을 줄은 아니까 말이다. 스웨덴에서의 국회의원이란 월급을 약간 많이 받는 대신 노동 강도가 엄청난 직업에 불과하다.

Gustaf Geijer, 1783~1847)이다. 그의 민족주의적 자긍심이 가득한 저술들은 거의 20세기 중반까지 스웨덴의 학문과 예술세계를 장악하고 있던 스웨덴의 내셔널 로만티시즘의 싹을 틔운 밑거름이 되었다.

문득 초등학교 때 선생님께 맞아가며 외웠던 '국민교육헌장'이 생각났다. "우리는 민족중흥의 역사적 사명을 띠고 이 땅에 태어났다. 조상의 빛난 얼을 오늘에 되살려…… 애국애족이 우리의 삶의 길이며……." 우리나라에도 민주주의가 점차 정착되면서 지금은 폐기되었으나 1968년부터 20여 년 간 강제적으로 보급되었는데, 박정희 독재 정권의 유산 가운데 하나이기도 하다.

웁살라대학 교정에 앉아 뜬금없이 '국민교육헌장'이 생각난 이유는 여러 자료들에 나타난 가이저의 성향을 보면, 그 역시 이런 민족주의적 사명을 강조할 헌장 하나쯤 충분히 만들고도 남았을 것 같았기 때문이다. 지금은 대부분의 대학들처럼 보편적인 세계관과 인류공영에 기여함을 최선의 목표라고 주장하겠지만, 본관 앞에 서 있는 가이저의 동상을 보니 실제로 웁살라대학은 여전히 민족주의적 전통을 고수하고 있는 게 아닌가 하는 의구심이 들었다.

그렇다면 스웨덴의 민족주의는 '비틀린' 것인가 '건강한' 것인가? 만약 '비틀린' 민족주의라면 인류공영에 이바지하기는 어려울 것이다. 실제로 스웨덴은 세계정치사적으로 볼 때 여러 차례, 특히 두 차례의 세계대전 때 정치적 중립을 표방하며 이웃 나라들이 피 터지게 전쟁을 치르던 와중에 철저히 몸을 사린 국가였다.

독일의 히틀러가 유럽에서 행패를 부리던 시절, 당시 사회민주당 당수이자 수상이었던 페르 알빈 한손(Per Albin Hansson, 1885~1946)은 거국

구스타브 3세가 기증한 웁살라 궁전 앞의 아름다운 정원으로 만든 식물원.

내각을 구성하고 정치적으로 중립을 선언한 뒤 전쟁으로부터 멀찌감치 떨어져 있었다. 그러나 스웨덴은 당시 독일에 군사적으로 저항하는 것은 불가능하다는 이유를 들어 히틀러의 군대가 노르웨이와 핀란드를 들고 날 수 있도록 앞마당을 열어 길을 터주었다. 또 군수물자가 될 줄 뻔히 알면서도 독일과 무역협정을 맺고 어마어마한 양의 철광석을 독일에 팔았다. 자국을 전쟁의 위험으로부터 지키려고 스웨덴은 히틀러의 요구를 다 들어준 셈이니 중립이라고 말하기는 어려울 것이다. 히틀러는 어쩌면 스웨덴을 착한 동생쯤으로 여겼을지 모른다. 한 자료에 따르면 스웨덴이 독일에 철광석을 팔지 않았더라면 전쟁이 2년은 일찍 끝낮을 것이라 추정했고, 당시 연합국의 임무 중에는 스웨덴의 광산 폭파가 들어 있었다고 한다.

1943년 독일군이 소련군에 패배하자 스웨덴은 태도를 바꿔 이제 연합국의 요구를 받아들이기 시작했다. 전세가 역전되자 비겁하게도 친연합국 노선을 취하기 시작한 것이다. 스웨덴은 중립을 지킨 것이 아니라 상황에 따라 강자의 편에 선 겁쟁이 국가였다. 이 같은 스웨덴의 기회주의적인 태도는 제2차 세계대전 중에 방영되었던 한 텔레비전 프로그램에 아주 상징적으로 나타났다. 「스웨덴 어딘가에(Någonstans i Sverige)」라는 제목의 시리즈물이었는데, 전쟁 초반에는 드라마 배경으로 등장하는 아파트의 벽난로 위에 히틀러의 사진이 올려져 있었는데, 1943년 이후에는 같은 자리에 히틀러 사진 대신 영국 수상 윈스턴 처칠의 사진이 올려져 있었다. 스웨덴의 민족주의는 인류공영에 이바지는커녕, '우리만 무사할 수 있다면'이라는 '비틀린' 형태의 변형된 이기주의라 할 것이다.

그러나 페르 알빈 한손은 내 나라 내 국민을 전쟁의 참화로부터 지킬 수 있다면 도덕적 비난쯤은 아무것도 아니라고 생각했다. 따라서 스웨덴의 당시 정치 노선은 '중립'이 아니라 국민을 전쟁의 참화로부터 지켜내기 위한 '전쟁 불참'이었다고 할 수 있다. 사민당 내에는 이 같은 한손의 태도에 반대하는 목소리도 상당히 높았다고 하는데, 그는 뜻을 굽히지 않았다. 그렇다면 국제적으로 모욕을 당하고 역사적인 윤리 콤플렉스를 피할 수 없다 해도 스웨덴 국민에게 이보다 고마운 지도자는 없을 것이다. 그가 스웨덴 국민들로부터 국부(國父)로 추앙받는 것은 어느 면에서 당연해 보인다. 그 어떤 것보다 국민의 생명을 지키고자 했던 지도자! 그 나라 국민이라면 참으로 행복할 것이다.

그러나 스웨덴은 어쨌든 당시 나치 독일의 가장 가까운 우방이었고 후원자였으니 도덕적 비난은 모면할 수 없다. 스웨덴 국립인종생물학 연구소 초대 소장이었던 헤르만 룬드보리(Herman Lundborg, 1868~1943)는 히틀러의 유대인 말살정책에 든든한 이론적 근거를 제공했고, 제2차 세계대전 내내 옆 동네는 전쟁의 화염 속에 있는데, 독일의 군수산업에 사용될 철광석과 목재를 팔면서 스웨덴은 계속 돈을 벌었다. 그런데 이러한 상황은 그때나 지금이나 별반 다르지 않다. 그때는 무기 재료를 팔았지만 지금 스웨덴은 평화를 외치면서 전투기 등 무기 완제품을 팔고 있다. 심지어 전에 샀던 무기에 대해서 보상판매도 해준다. 곳간에서 인심 난다고, 이들이 현재 누리는 아름다운 복지는 이 곳간에서 난 인심이 아닌가 싶다.

나치 협력과 관련하여 오랫동안 비판받아온 오스트리아의 빈 필하모닉 오케스트라가 결국 비난 여론에 굴복해서 나치 부역 명단을 공개했다는 기사를 읽었다. 세계대전이 종결된 지 70년이 되었는데 어느 나라에서는 나치 시절의 역사가 여전히 논쟁의 대상이 되고 있다. 아마도 이것은 또 다른 전쟁을 막기 위한 사람들의 노력일 텐데, 스웨덴은 이 문제에 있어서도 비껴서 있다. 전쟁으로부터 스웨덴을 멀찍이 세워놓으려 했던 페르 알빈 한손의 정책은 지금도 유효해 보인다.

아픈 다리를 이끌고 대학 본관의 높은 계단을 천천히 올라가 무거운 문을 온몸으로 밀고 본관으로 들어섰다. 본관 내부는 대학 건물이라 하기엔 깜짝 놀랄 만큼 화려하고 웅장했다. 궁전 같기도 하고 오페라하우스 같기도 했다. 이렇게 멋진 건물에 드나들며 공부를 해서 그런지 움

웁살라대학 본관.

살라대학 출신 노벨상 수상자가 8명이나 된다.

그런데 인류공영에 이바지하겠다는 드높은 이상을 가지고 불철주야 공부하는 사람들이 정말로 인류공영에 이바지하는 훌륭한 사람이 되는지는 모르겠다. 이 세상의 시스템이 과연 그렇게 돌아갈까? 인류공영에 이바지한 사람들에게 주는 세계에서 가장 권위 있는 상인 노벨상이 다이너마이트를 발명해 번 돈에서 비롯되었다는 것은 아무리 생각해도 너무 아이러니하다.

닐스가 만났던 웁살라의 똑똑한 학생처럼 "다른 사람을 불행하게 만들었다는 죄의식" 때문에 자신에게 가장 중요한 마지막 시험에 떨어지고 마는 그런 학생들이 웁살라대학에 여전히 있을까? 몹시 추운 웁살라 대학 교정, 근엄한 가이저의 동상 앞에서 스웨덴과 인류의 미래에 대한 상념이 꼬리에 꼬리를 물었다.

그런데……, 정말 추웠다!

2. 국립인종생물학연구소

벤치에서 일어섰다. 슬쩍슬쩍 눈이 덮여 있는 길을 아픈 다리로 걷기가 만만치 않았지만 다음에 가볼 곳도 아주 의미심장한 곳이다. 다행히 그리 멀지 않은 곳에 있다. 왼쪽의 웁살라 성당과 오른쪽의 구스타비아눔 박물관 사이를 조금 걸어가면 왼편에 '사제의 집(Dekanhuset)'이라는 별 특색 없는 건물이 하나 나타난다. 14세기 초반에는 사제의 관할교구로 사용되었다가 화재가 난 뒤 15세기 중반 석조로 재건축된 건물이다. 잠시 개인의 소유가 되기도 하고 성당학교, 교사양성대학 등 다양한 용도로 사용되기도 했는데, 20세기에 들어서면서 이 건물은 "세계 최초"라는 수식어가 앞에 붙는 연구소로 변모한다. 웁살라대학의 민족주의적 성향이 보다 진지하게, 그러나 후에는 인종주의로까지 발전한 장소, 바로 국립인종생물학연구소(Statens institut för rasbiologi)로 말이다.

1921년 스웨덴 의회는 세계 최초로 국립인종생물학연구소, 즉 우생학연구소 설립을 승인했다. 그 건물은 현재 웁살라대학의 한 분과인 의학유전학연구소로 사용되고 있는데, 1922년부터 우생학연구소로 사용되었다. 헤르만 룬드보리가 초대 소장으로 취임했는데, 그는 훗날 우생학 분야에서 세계 최초의 교수가 되었다. 당시 우생학연구소를 둘러싸고 여러 가지 논의들이 진행되었는데, 그 내용이 지금까지 내가 가지고 있던 스웨덴의 전반적인 인상과 사뭇 달라서 몹시 흥미로웠다.

당시 스웨덴의 한 의원은 "태어날 때부터 혈통적으로 범죄자나 미치광이가 될 운명을 지닌 자들의 수가 늘지 않도록 국가는 스스로를 방어할 권리와 의무가 있다."고 주장했고 「다겐스 뉘헤터(Dagens Nyheter)」라는 유력 일간지는 이 의원의 말에 동의하면서 "지적, 도덕적으로 열등한 사람들의 수가 불안을 유발할 만큼 많다."고 지적했다. 한 정부 고위 관료는 "우리는 운 좋게도 아직 오염되지 않은, 대단히 우월한 인자를 지닌 인종이다."라고 주장했고, 그의 후임자 역시 "세계문명에 기여한 정도를 생각해보라! 북유럽인이 니그로족보다 훨씬 우수하지 아니한가?"라며 인종적 우월성을 목에 힘을 주어 강조했다.

여하간 당시 스웨덴의 모든 정치진영이 세계 그 어느 인종보다 스웨덴 인종의 우월함을 확신했다. 악명 높은 인종주의의 뿌리에 물과 거름을 준 우생학 연구가 독일의 나치당에서 비롯된 게 아니고 스웨덴에서

라울 발렌베리, 스웨덴의 친나치 과오를 덮다

히틀러가 할퀸 상처들을 꿰매는 일에 몸을 불사른 영웅들이 있다. 그중 대표적인 인물이 스웨덴에서 가장 유서 깊은 재벌 기업인 발렌베리 가문 출신의 라울 발렌베리(Raoul Wallenberg, 1912~1947?)다. 그는 1944년 32살의 나이로 부다페스트에서 외교관을 지내면서, 1945년 부다페스트에 진군한 소련군에 체포될 때까지 온갖 수단을 동원하여 수만 명의 유대인을 구했다.

소련이 그를 체포한 이유는 미국의 스파이로 생각했을 가능성이 높다고 하는데 지금까지도 그를 둘러싼 의혹이 끊이지 않는다. 실제로 그가 무엇을 했는지, 누구를 위해 일했는지, 어떻게, 그리고 왜 죽었는지, 외교관 신분인 그가 체포당했을 때 스웨덴 정부는 그의 석방을 위해 무엇을 했는지, 사망 보고를 받고 이를 확인하기 위해서는 또 무엇을 했는지, 그 어떤 것도 밝혀지지 않았다. 그가 체포된 후 어머니가 몇 번이나 소련대사관에 문의를 했음에도 그들의 답변은 "일을 크게 만들지 마라, 그래 봤자 라울에게 해가 될 뿐이다."라는 것이었다.

이 사건에 대한 스웨덴 정부의 미온적인 태도 역시 평화와 인권을 옹호하는 스웨덴의 이미지와는 거리가 있다. 과거 나치에 협력했던 과오를 생각한다면 이를 조금이나마 무마하기에 라울 발렌베리가 얼마나 좋은 인물인가? 하지만 스웨덴 정부는 과오를 덮기보다는 소련과의 관계가 불편해질 것을 더 우려했다. 이러한 스웨덴 정부의 태도 때문에 라울 발렌베리는 20세기 후반에야 스웨덴에서 영웅의 지위를 얻었다. 그 시기는 옛 소련의 소멸 시점과 일치한다.

라울의 인도주의적 희생이 빛을 발하지 못했던 또 하나의 이유는 세계대전 당시 발렌베리 가문이 나치당에 적극 부역했다는 사실이었다. 아버지의 죗값으로 아들의 선행이 묻히는 모양새다. 그러나 나치에 부역했다는 사실 때문에 발렌베리 가문은 도의적 비난을 받았을 뿐, 기업이 실제적이고 직접적으로 당한 불이익은 없었다. 이 지점에서 소설 『밀레니엄』을 떠올리지 않을 수 없다. 『밀레니엄』에 등장하는 스웨덴 최고의 재벌 기업인 방예르 가문에는 심지 굳은 나치 추종자뿐 아니라 우생학연구소에서 일하면서 '주민 중의 바람직하지 못한 요소에 대한 단종 운동'의 주역으로 활동한 사람까지 있었다. 소설에서도 나치 부역자들이 미치광이 취급을 받을 뿐 방예르 가문이 이들 때문에 사업상 불이익을 받지는 않는다. 나는 방예르 가문이 발렌베리 가문의 모사라 생각한다. 현재 발렌베리 가문은 경영적 측면뿐 아니라 기업윤리적인 측면에서도 본받아야 할 기업 1, 2위를 다투는 모범적인 이미지를 갖고 있다. 모른 척 시치미 떼고 있다는 느낌을 지울 수가 없다.

32살의 젊은 나이에 권력에 의해 증발되어 저릿한 안타까움을 자아내는 라울 발렌베리는 스웨덴의 '오스카 쉰들러'로서 일대기가 영화로 만들어졌고 그의 이름을 딴 윤리연구소, 재단, 공원이 세워지는 등 전 세계 사람들의 추모 대상이 되었다. 그리고 발렌베리 가문에서도 영광스러운 존재로 칭송받고 있다. 그러나 뭔가 석연치 않다.

시작되었으며 꽤 오랫동안 진지하게 발전했다는 사실은 정말 뜻밖이었다. 1921년이라면 나치당은 고작 1,000명 정도의 당원을 거느린 소수당에 불과하던 때였으니 말이다. 이 우생학연구소는 좌우파와 상관없이 정치계의 전폭적인 지지를 받았다. 일부 정치계 인사들 중에는 산업화가 진행되면서 값싼 노동력의 유색 인종들이 스웨덴에 대거 유입될 것에 심한 우려를 나타낸 사람들도 있었다. 이민자가 이렇게 많은 현재의 스웨덴을 본다면 이들이 어떤 표정을 지을까 몹시 궁금하다.

우생학연구소의 설립 배경에는 신체적인 면뿐 아니라 경제적으로나 사회적, 문화적으로 열등한 사람들이 훌륭한 배경을 가진 사람들보다 출산을 훨씬 많이 한다는 '염려'가 짙게 깔려 있었다. 스웨덴 사회에 열등한 유전자를 가진 사람들 수가 점점 늘어나면 곤란하지 않겠는가? "국가는 이른바 인간 쓰레기 같은 자들의 자손 번식을 막아야 한다. …… 모든 스웨덴 사람들은 가족을 구성할 때 공익을 생각해야 한다."는 것이 우생학연구소 초대 소장인 헤르만 룬드보리의 생각이었다.

그렇다면 헤르만의 지휘 아래 이 연구소는 구체적으로 무슨 연구를 행했을까? '스웨덴 인종의 표준 체격'을 측정하기 위해 전국 각지에서 10만 명이 넘은 사람들을 차출해서 표본을 만들었다. 머리카락과 눈동자 색깔, 코의 넓이와 길이, 팔과 다리 길이, 머리 둘레 등이 일일이 측정되었고 다양한 각도에서 다양한 모습의 사진도 찍었다.

이 방대한 통계 자료는 지역에 따라 팔과 다리의 길이가 어떻게 다른지, 다양한 사회계급과 지역에 따라 머리카락 색깔은 또 어떻게 얼마나 다른지를 보여주었는데, 연구자들에게는 애석한 일이었으나 그들의 연구 결과는 스웨덴인의 순수한 인종적 특이점을 증명하지 못했다. 심지

웁살라대학 내에 있는 옛 국립인종생물학연구소.

어 가장 스웨덴적이라는 달라르나 지방 사람들에게서마저도 공통된 인종적인 특성을 발견할 수 없었다. 엄청난 자금과 노동력을 낭비하여 쓸데없는 연구를 한 것이다.

그럼에도 불구하고 스웨덴인의 순수 혈통을 보존하고자 하는 이들의 열망은 사그라지지 않았고, 후에 주로 정신장애자들에게 시행된 강제불임정책으로까지 이어졌으며 우생학연구소는 그 과정을 주도하는 핵심적인 역할을 했다. 우생학에 찬성하는 자들은 이렇게 주장한다.

"현대과학의 발전과 우생학 분야의 새로운 연구성과 덕분에 가축들이나 식물들은 품종 개량이 이루어지는데 왜 인간은 품종 개량을 하면 안 된다는 것인가? 좋은 세상을 만들기 위해서 가장 시급

한 것이 바로 인간의 품종 개량이 아닌가? 정신장애자나 유전적 결함이 있는 나쁜 혈통을 지닌 자들은 아예 뿌리부터 뽑아야 한다. 우리가 원하는 것은 그저 정상적인 사람들의 보다 좋은 세상을 만드는 것이다."

헤르만 룬드보리의 우생학과 계보학 관련 저서들은 1920~1930년대에 엄청난 반향을 불러일으킨 것은 물론, 후에 그는 히틀러가 권력을 잡고 있던 독일의 하이델베르크에서 명예 박사학위까지 받았다.

스웨덴에도 퀴리 부부처럼 나란히 노벨상을 받은 부부가 있다. 남편 군나르 뮈르달(Gunnar Myrdal, 1898~1987)은 1974년에 노벨경제학상을, 부인 알바 뮈르달(Alva Myrdal, 1902~1986)은 1982년에 노벨평화상을 받았다. 특히 알바 뮈르달은 사회학자이자 정치가로서 명망이 대단히 높았고 본인이 여성인만큼 여성과 육아 문제, 주택 문제 개선을 위한 사회 개혁에 각별한 노력을 기울였다. 유엔(UN)에서도 여성으로서는 최초로 '유네스코 사회과학분과' 의장이라는 비중 있는 직책을 맡았으며, 1962년에 제네바에서 열린 군축회담에 스웨덴 대표로 참석한 것이 계기가 되어 전 세계 핵무기 감축을 위해 끊임없이 노력했다. 그 결과 1982년 멕시코의 정치가인 알폰소 가르시아 로블레스(Alfonso García Robles)와 공동으로 노벨평화상을 수상하였다.

그런데 여기서 잠시 고개가 갸웃거려지는 점은 노벨평화상을 수상할 만큼 세계 평화에 혁혁한 공을 세운 알바 뮈르달이 강제불임정책을 아주 강력하게 주장했다는 사실이다. 그녀는 '물질로서의 인간'에 초점을 맞추고, '우수한' 유전인자를 지닌 인간들끼리 '교배'해서 '우수한'

인간들이 산출되면 그야말로 '우수한' 국가가 될 것이라 주장하면서, 스웨덴을 아름답고 건강한 국가로 만들기 위해서는 열성인자 또는 병적인 유전인자를 가진 자의 씨를 말려야 하고 이에 따라 강제불임정책이 절대적으로 필요하다고 역설했다. 이러한 주장은 뮈르달 부부의 공저인 『위기의 인구문제(Kris i befolkningsfrågan)』(1934)에 잘 나타나 있다.

1941년 불임정책 관련법이 페르 알빈 한손 정부에 의해 보다 선명하게 드러났다. 그런데 페르 알빈 한손이 누구인가? 스웨덴의 복지 이념을 담고 있는 '인민의 집'을 주창한 사람이 아닌가? 제2차 세계대전의 참화로부터 국민의 생명을 지켜내고 누구보다도 서민의 목소리에 귀를 기울인, 그래서 스웨덴의 국부로 칭송받는 사람 아닌가? 놀랍게도 그의 정부가 들어서면서 정신장애나 심각한 유전적 질병을 가진 사람뿐 아니라 '비사회적인 생활방식을 가진 사람들'까지 강제불임의 대상이 되었다. 특히 '비사회적(asocial)'이란 단어는 상당히 모호해서 적용 대상이 크게 확대될 수밖에 없었다. 이제 알코올 중독자나 결핵 환자, 정신장애자, 부랑자, 습관적인 범죄자들도 모두 강제적으로 불임수술을 받게 되었는데 특히 이들이 위험하다고 여겨진 이유는 정상인들보다 성욕이 훨씬 왕성하다고 생각되었기 때문이다.

이러한 강제불임정책은 1975년까지 시행되어 약 6만 3천여 명이 자의 또는 타의로 불임수술을 받았다. 그러나 알바 뮈르달은 이 정도의 불임수술 시행으로는 아름다운 국가 스웨덴을 만들기 어렵다고 생각했고, 전체 인구의 약 10%는 정신질환을 앓고 있으며 부모가 될 자격이 없다고까지 주장했다.

이런 맥락에서 보자면, 소설 『밀레니엄』의 주인공인 천재 해커, 리스베트 살란데르가 웁살라에 있는 정신병원에 갇혀 있었던 것은 결코 우연이 아니다. 불과 몇 년 전에 출간된 이 책에는 '공권력에 의해 정신병원에 부당하게 감금된', '비사회적이지만 결코 비정상은 아닌', 심지어 '정의롭기까지 한' 소녀가 등장한다. 리스베트가 알바 뮈르달에게 맡겨졌더라면 아마도 그녀는 불임수술까지 받아야 했을 것이다. 실제로 한 신문기사가 폭로하기를, 1940년대 말에 10대 후반이었던 소녀 한 명이 강제불임수술을 받았는데 그 이유인즉 그녀가 댄싱홀에 지나치게 자주 갔기 때문이었다고 한다.

1928년 페르 알빈 한손은 스웨덴 복지의 상징이 된 '인민의 집'이란 제목으로 국회 연설을 했다. 이 연설문은 아주 유명해서 스웨덴 복지에 관한 여러 책에서 인용되고 있다. 짤막하게 소개해보겠다.

"집의 기본은 공동체와 함께 모든 것을 나눔에 있다. 좋은 집의 구성원들은 특권을 가지지도 않고 배척당하지도 않는다. …… 모든 면에서 평등하고 서로를 보살피고 서로 협력하고 서로 돕는다. …… 그러나 스웨덴 사회는 아직 모든 국민에게 그런 좋은 집이 아니다. …… 좋은 '인민의 집'을 건설하기 위해서는 '사회적 보살핌 정책'과 '평등한 경제정책'이 필요하다……."

아! 먹고 살기 팍팍했던 시절, 이 '집'이란 단어가 주는 아늑함, 안락함을 생각해보면, 이 연설문이 사람들 마음속에 얼마나 따뜻하게 스며들었을지 이해하기 어렵지 않다. 하지만 누구나 '인민의 집'의 환영을 받은 것은 아니었다는 사실, 그것도 강자가 아닌 약자는 그 집에 발도

들여놓을 수 없었다는 사실에는 뒷덜미가 서늘해지지 않을 수 없었다. 너무도 상냥하고 아름다운 여인이 뒷마당에서 표정 하나 변하지 않고 닭의 모가지를 비트는 모습을 우연히 엿본 느낌이었다.

초창기에는 우생학연구소 건립에 찬사를 보냈던 일간지 「다겐스 뉴헤터」가 1997년 여름, 이번에는 수천 명의 스웨덴 사람들이 자신의 의지와는 상관없이 강제적으로 불임수술을 받았다는 사실을 범죄 행위로 규정하고 폭로했다. '양질의 인간들'로 가득 찬 새로운 사회의 건설을 위해 인간의 가장 기본적인 욕구이자 권리이기도 한 '자녀를 가질 권리'를 박탈하는 불임법이 스웨덴 의회에서 거의 만장일치로 통과되었다는 사실은 스웨덴 사회에서 큰 이슈가 되었고, 스웨덴의 대외 이미지에도 큰 타격을 주었다. 당시 다른 나라도 불임정책을 실시했지만 통계적으로 스웨덴에서 '가장 많은' 사람들이 '가장 강압적으로' 불임수술을 받았기 때문이다. 이에 스웨덴 정부는 서둘러 본인의 의사와 상관없이 강제불임을 당한 사람들에 대한 보상 원칙을 세웠고 이를 위해 특별위원회를 만들었다. 스웨덴 정부는 면밀한 조사를 거쳐 약 200명의 보상 지원자들에게 17만 5천 크로나(약 2,700만 원)씩을 지급했다.

어느 고적하고 추운 겨울 주말 아침, 살포시 눈 덮인 아무도 없는 거리에서 텅 빈 건물을 잠시 마주 보고 서 있었다. 세계최초로 우생학연구소를 설립하고, 당파와 상관없이 모든 정당들이 이를 지지했으며 불임정책을 가차없이 실행할 수 있었던 나라가 바로 스웨덴이었다는 사실에 섬뜩함이 느껴졌다.

그런데 희한하게도 그런 섬뜩한 면들이 오늘날 스웨덴의 모습에는 거의 드러나지 않는다. 나는 그 이유가 섬뜩한 면들의 섬뜩함보다 아름다운 면들의 아름다움이 현재 더 돋보이기 때문이라고 생각한다. 게다가 스웨덴 역사는 아름다움을 만들기 위해서는 그런 섬뜩함이 필요했다고 주장하기도 한다. 오늘날 복지국가 스웨덴을 키우고 지탱하는 힘의 근원이 바로 이런 섬뜩한 면에 있는 게 아닐까?

3. 웁살라 대성당 – 토종신을 몰아낸 그리스도교의 상징

829년, 스웨덴 땅에 향후 300년 동안 끊임없는 다툼을 야기할 불씨의 씨앗이 스톡홀름 언저리에 있는 옛 도시 비르카(Birka) 항구에 상륙했다. '북방의 사도'로 불리는 함부르크-브레멘 지역 대주교인 안스가르(Ansgar, 801~865)가 그리스도교 선교단을 이끌고 닻을 내린 것이다.

옛 북유럽 사람들은 왜 하나의 신이 숭배를 독점해야 하는지, 즉 유일신 개념 자체를 이해하지 못했다. 애초부터 그들은 다양한 역할을 하는 여러 신을 섬기고 있었기 때문이다. 당시 스웨덴의 제단을 장악하고 있던 신들은 오딘, 토르, 프레야 등 이른바 북유럽 신화에 등장하는 아사 신들(Asa gods)이었다. 이들 전통 종교와 그리스도교의 싸움은 1123년 그리스도교가 스몰란드 촌구석에 남아 있던 전통 신앙을 가진 사람들을 마지막으로 개종시키고 국교로 정해짐으로써 그리스도교의 승리로 종결되었다. 굴러온 돌이 박힌 돌을 빼낸 형국이다. 웁살라 대성당은 바로 그 '굴러온 돌'의 상징물이다.

그러나 전통 종교의 뿌리가 깊어 그리스도교의 교세 확장은 쉽지 않았다. 안스가르 이후 스웨덴에 온 많은 선교단들이 훗날 이른바 순교라 칭송되는 죽음을 당했는데, 특히 스몰란드 지역에서 순교한 선교사들

웁살라 대성당.

에 대해서는 소름끼치는 전설도 있다. 그들은 목이 잘려 살해당했는데, 그들의 잘린 목이 호수 위를 동실동실 떠다니며 살아 있을 때와 마찬가지로 찬송가를 부르고 선교 활동을 했다는 것이다. 이런 끔찍한 이야기가 떠돌아도 선교단들은 꾸준히 파견되었다. 순교자들이 늘면 추종자들도 늘어난다고 했던가?

12세기 중반에 움살라에 첫 주교가 부임하면서 그리스도교는 더욱 힘을 얻게 된다. 왕도 세례를 받았는데 이는 그리스도교를 받아들임으로써 실용적인 면뿐 아니라 정치·경제적인 득까지 얻을 수 있었기 때문이다. 일단 글을 읽을 줄 알고 어느 정도 의학 지식까지 갖춘 수도사들이 민생에 도움이 되는 것은 말할 것도 없고, 가톨릭 교회는 변방이라 고립되어 있던 스웨덴 왕에게 대륙의 권력자들과 소통할 수 있는 통로 역할도 하였다. 또한 교회는 신의 이름으로 왕에게 '다스리는 자'의 성스러운 지위를 부여했고, 이를 바탕으로 왕은 새롭게 관료 체계를 정비하였으니 교회와 왕은 시작부터 상호의존 관계에 있었다.

그러나 사람들의 생활 속에 스며들어 있던 전통 종교가 하루아침에 사라질 수는 없는 일이었으니 약 200년 동안 두 종교는 공존했었다. 여기저기에 크고 작은 교회들이 여럿 세워졌고, 당시 스베아인이라 불리던 우플란드 주민들은 감라 움살라 신전에서 여전히 아사 신들에게 숭배를 바쳤다. 그러니까 하나의 대장간 한 켠에서는 천둥의 신 토르의 망치가, 다른 한 켠에서는 그리스도교의 십자가가 동시에 생산되었다는 이야기다.

그러나 그리스도교는 이교도인 아사 신들을 용납할 수 없었다. 다시 한 번 처절한 혈투 끝에 승리한 그리스도교는 스웨덴에서 살아남기 위한 얄팍한 타협안으로 아사 신을 섬기는 것은 법으로 금했지만 가정집이나 농장에 살고 있는 요정들의 존재는 허용했다. 신들이 인간이 만든 법에 따라 떠나기도 하고 살기도 하는지는 모르겠지만, 어쨌든 아사 신들은 떠났고 요정들은 남았다. 닐스가 요정이 될 수 있었던 이유는 그리스도교가 이를 허용했기 때문이다.

그리스도교는 스웨덴에 정착한 후 처음엔 가톨릭으로, 다음엔 프로테스탄트로 옷을 바꿔 입으면서 권력과 떼려야 뗄 수 없는 동전의 양면 관계가 된다. 지금 눈앞에 서 있는 저 거대한 웁살라 대성당도 주로 왕의 화려한 대관식과 결혼식이 거행되었다. 이는 특별히 왕의 권력이 하늘에서 비롯된 성스러운 것임을 나타내기 위한 것이었다. 그리스도교는 권력과 더불어 세력을 확장시켰으니 '윗분'들의 종교였고, 토종신들의 이교도는 소시민의 삶 구석구석을 관장했으니 '아랫것'들의 종교가 아니었나 싶다.

성당 내부는 화려하고 볼거리가 많았다. 많은 조각품들, 그림들, 벽화들, 문서들, 그리고 바사 왕을 비롯하여 식물학자 린네, 스톡홀름의 수호성자로 추앙받는 에리크 왕 등 그 밖에도 많은 유명 인사들의 묘가 있어 성당이라기보다 무슨 묘지 같았다. 그런데 그중 다른 고인들에 비해서 상당히 현대인에 속하는 다그 함마르셸드(Dag Hjalmar Agne Carl Hammarskjöld, 1905~1961)의 기념비가 눈에 띄었다. 비록 바닥에 조그맣게 깔려 있었으나 다그 함마르셸드라면 그의 기념비가 웁살라 대성당에 한 자리 차지할 만도 할 것이다.

웁살라 대성당 내부.

4. 다그 함마르셸드 – 민족주의를 넘어 인류애를 실천한 유엔 사무총장

스웨덴 사람들 중 세계적인 명성을 가진 사람을 꼽으라고 할 때 가장 먼저 떠오르는 사람은? 아마 노벨, 그리고 다음은 린네 순일 것이다. 최근이라면 이케아 창업주 정도? 4인조 혼성그룹 아바(ABBA)도 낄지 모르겠다. 그렇다면 스웨덴 사람들 중에 세계적으로 '가장 훌륭하다'는 평가를 받는 사람은 누구일까? 아마도 다그 함마르셸드일 것이다. 스웨덴의 정치가로 유엔 사무총장까지 지낸 그는, 특히 유엔 사무총장 재임(1953~1961) 시절 세계 평화를 위한 공로가 혁혁하여 최초로 사후에 노벨 평화상을 받은 사람이다.

그는 스웨덴 사람이 아니라 세계시민으로 불린다. 그의 일대기나 업적은 세계시민으로서 유엔 사무총장직을 얼마나 심지 깊고 영향력 있게 행사했는지 잘 말해주는데, 미국의 존 F. 케네디 대통령 같은 사람이 그의 죽음을 애도하면서 "그에 비하면 나는 보잘것없는 존재다. 그는 우리 세기의 가장 위대한 정치 지도자이다."라면서 그를 칭송했다.

그는 유엔의 주된 임무란 세계 열강으로부터 약소국의 권익을 보호하는 것이라고 단언하면서 제3세계 국가들의 탈식민지화를 적극 지지했는데, 그의 이러한 태도는 열강에 속하는 국가들 즉, 당시 유엔 안보리 회원국들에게는 영 껄끄러웠을 것임이 틀림없다. 장하준 교수의 말을 빌면 세계 열강들은 이른바 "사다리 걷어차기"의 선수들이 아닌가? 그는 전쟁을 막고 제3세계의 분쟁을 조정하는 한편, 유엔 헌장에 나타나 있는 원칙적인 목표를 수행하는 데 최선을 다했다.

그런 그가 1961년 9월, 콩고에 정전 협상을 위해 가는 도중 잠비아의

웁살라 성의 '평화의 집'에 꾸며져 있는 함마르셸드의 집무실. 가까이 다가가자 책상 위의 전화벨이 울려서 깜짝 놀랐다.

은돌라 근처에서 비행기 추락 사고로 목숨을 잃었다. 공식적으로 세 개의 조사단이 파견되었으나 비행기 추락의 정확한 원인에 대한 합치점에 도달하지 못했다. 보고에 따르면 사고에 대한 늑장 대응으로 제대로 된 조사와 구조 작업을 할 수 없었다고 한다.

이런 경우 암살 가능성이 강하게 제기되기 마련이다. 당시 콩고 지역에는 벨기에와 영국, 미국의 투자자들이 소유한 한 광산회사가 있었는데, 함마르셸드는 어마어마한 이권을 둘러싸고 벌어지는 열강의 악취 나는 비열한 전략에 심히 절망감과 분노를 느끼고 있었다. 그는 공개적으로 그 전략의 동기가 무엇인지 따져 물으며 그들의 오만함과 위선에 증오심을 드러냈으니 열강이 날을 세우고 그에게 칼을 들이댔을 법도

하다. 게다가 그가 사망한 바로 다음 해가 유엔 사무총장 선거가 있을 예정이었고 대부분의 개발도상국들의 표를 얻어 재당선이 거의 확실했기 때문에 열강들의 심기가 불편했다. 사실 그가 유엔 헌장의 기본 정신에 입각한 원칙을 적용한 것이 어디 콩고 사건뿐이었겠는가? 그때까지도 그랬고 그 후로도 계속 그럴 것이었다. 그의 사적인 편지에도 신생 독립국들에게는 아낌없는 지원을 하고 싶은 애틋한 마음이, 열강의 전략적 위선에 대해서는 심한 혐오감이 드러나 있다.

스웨덴 국제발전협력청에서 일하는 예란 비요크달(Göran Björkdahl)은 수년에 걸쳐 사고 당시 목격자들을 찾아다니며 인터뷰를 행했고, 그들의 진술과 사건 기록들을 토대로 함마르셸드가 콩고의 카탕가 지역의 광산권을 계속 보유하려는 열강에 의해 암살되었다고 한 치의 의심도 없이 믿고 있다. 암살을 확신하는 여러 가지 정황을 여기서 일일이 밝힐 필요는 없겠지만 단순한 사고로 믿기에는 석연치 않은 구석이 너무 많긴 하다. 그런데 재미있는 사실은 암살이라고 주장하는 사람은 있어도 암살이 아니라고 주장하는 사람은 없다는 것이다.

그는 숭고한 이상을 지닌 맑은 영혼의 소유자가 아니라면 생각도 하지 못할 여러 가지 민주주의적인 제안들을 내놓았지만 그것들은 아이러니하게도 민주주의를 표방하는 속칭 '선진 국가들'의 보이콧을 당했다. 그의 생전에도 여러 번 있던 일이다. 역시 역사는 정의와 상관없이 이익을 추구하는 기득권 세력에 의해 흘러가는 걸까!

그의 사망 소식이 전해지자 전 세계는 애도의 물결로 넘쳐났다. 몇몇 나라는 그의 이름을 따서 거리와 광장 이름을 바꾸고 그의 이름으로 학교와 도서관을 세웠다. 그의 행적과 유적을 따라가면서 그의 위대함을 기리는 세상의 뜨거운 관심에 상당히 놀랐다. 스웨덴에 오기 전까지 나는 그의 이름도 몰랐는데 말이다. 그가 탔던 비행기 추락 지점이 1997년 유네스코 세계문화유산으로 지정되었을 뿐 아니라, 죽은 지 50년이 넘는 지금도 그를 추모하는 행사가 세계 각지에서 열리고 있다.

웁살라는 그의 흔적이 넘쳐나는 도시다. 그는 우선 웁살라대학 출신이다. 그의 이름을 딴 거리가 웁살라 중심을 가로지르고 있을 뿐 아니라 그의 도서관, 그의 묘지 그리고 그의 재단도 이곳에 있다. 그런데 그를 추모하는 이 모든 장소들보다 이상하게도 대성당 한 귀퉁이에서 발견한 그의 이름이 내겐 가장 강렬하게 다가왔다. 아무리 오늘날까지 추모한다 한들, 이미 오래전에 죽은 자들 틈에 끼어 있는 그의 모습 속에서 그 역시 역사 속에 영원히 박제되어버렸다는 느낌을 더 강하게 받아서였는지도 모른다.

웁살라에서 다그 함마르셸드를 만나지 못했더라면, 그리고 온 도시가 그를 추모하지 않고 있었다면 나는 이 아름다운 웁살라를 섬뜩한 도시로만 기억할 뻔했다. 그를 길러냈으니 학문의 도시 웁살라는 이제 체면을 차린 것이다.

Värmland

10장. 셀마 라겔뢰프의 고향
베름란드

베름란드, 10월 6일

날이 저물어 닐스와 기러기들은 프리켄 호수에 이르러 울창한 숲에 내려 앉았다. 닐스에겐 춥고 불편한 곳이라 더 좋은 잠자리를 찾아 근처 농장으로 달려갔다.

얼마를 달렸을까, 닐스 앞에 자작나무 오솔길이 나타났고 이 길은 작은 장원으로 이어져 있었다. 장원의 정원에는 탐스럽고 먹음직스러운 과일들이 가득 열려 있었는데, 닐스는 이만한 먹거리라면 여행을 그만두고 이곳에서 계속 살아도 좋겠다는 생각까지 했다.

장원에서 살고 있던 올빼미가 이 장원의 이름이 '모르바카'라고 알려 주었다. 그러나 올빼미는 신기하게 생긴 닐스를 공격했고, 닐스는 생명의 위협을 느끼며 도와달라고 외쳤다.

한밤중에 이 외침을 들은 사람이 있었으니, 이 장원에서 어린 시절을 보낸 한 여성 작가였다. 어린이들의 읽기 교재로 스웨덴에 대한 책을 써달라는 청탁을 받은 그녀는 뭔가 영감을 얻기 위해 고향집을 방문했는데, 그 순간 닐스의 외침을 들었던 것이다. 올빼미로부터 닐스를 구한 그녀는 닐스의 여행담을 듣고 이것을 책으로 써야겠다고 마음 먹는다.

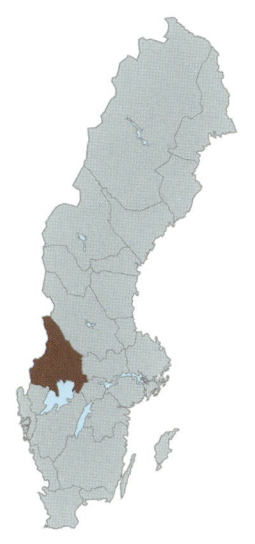

셀마 라겔뢰프는 스웨덴 최초로 노벨문학상을 수상한, 우리나라로 치면 『토지』의 작가 박경리쯤 되는 스웨덴 국민 작가다. 그녀는 스웨덴 사람들의 지갑 속에 가장 많이 들어 있는 가장 작은 지폐 단위인 20크로나의 주인공이며 그녀가 쓴 『닐스의 신기한 여행』은 스웨덴 전 국민의 필독서였다.

모르바카
스웨덴 국민 작가의 숨결이 곳곳에

1902년, 전직 교사였던 셀마 라겔뢰프는 국립교원협회로부터 청소년을 위한 스웨덴 지리 독본을 써달라는 요청을 받았다. 뱀멘회그에 사는 말썽꾸러기 꼬마 닐스가 거위 등을 타고 스웨덴 곳곳을 여행하는 행운을 얻게 된 것은 이 요청 덕분이었다.

셀마는 닐스에게 특별한 여행 경험을 선물하기 위해 오랜 시간 준비했다. 3년 동안 스웨덴의 지리와 풍경뿐 아니라 스웨덴 토양 위에 삶의 터전을 이루고 사는 온갖 새와 동물에 관해, 그리고 그 안에서 사람들은 어떤 삶을 꾸려나갔는지 스웨덴의 산업은 또 어떻게 발전되어 왔는지 열심히 공부했다. 또한 출판되지 않고 구전되던 여러 지방의 민요와 전설들도 구석구석에서 찾아냈다. 이 모든 재료들을 셀마는 놀라운 작가적 상상력으로 알맞게 섞어 우려냈고, 덕분에 닐스는 시공을 가르고 현실과 환상을 넘나드는 감동적인 이야기 속에서 신비하고도 입체적인 국토 여행을 할 수 있었다.

『닐스의 신기한 여행』은 1906년 발표되자마자 국내외에서 엄청난 찬사를 받았다. 그리고 3년 뒤인 1909년, 셀마는 스웨덴 역사상 최초로 노벨문학상을 받았는데, 그녀가 "다이너마이트 돈"이라 불렀던 노벨문학상 상금으로 가장 먼저 한 일은 아버지의 파산으로 남의 손에 넘어간 자신의 고향집, 모르바카(Mårbacka) 장원을 도로 사들인 것이었다. 사실 건물을 샀다기보다 그녀가 성장하는 데 자양분이 되었던 어린 시절의 아름다운 추억을 샀다는 말이 옳을 것이다.

그녀의 많은 작품들은 그녀가 어릴 때 고향집에서 한껏 상상력을 키우며 들었던 신화와 전설들, 그리고 가족들과 함께 나누었던 따뜻한 기억에서 정제되어 나온 결과물이다. 고향은 끝없이 길어내어도 바닥을 드러내지 않는 창작 소재를 품고 있는 우물 아닐까! 저작에 관한 질문에 박경리도 이렇게 말했다.

모르바카에 있는 셀마 라겔뢰프의 저택.

"굳이 도움이 됐던 것을 찾자면, 내가 시골 태생이라는 것, 그것도 이순신이 나온 통영에서 태어나 자랐다는 것, 또 민란이 수도 없이 일어난 진주에서 공부했다는 것이지. 이 두 도시가 다 반골이고, 일본에 저항했던 곳이거든. 그 영향이 굉장히 크죠."

— 「중앙일보」 2009년 3월 9일자 인터뷰에서

셀마 라겔뢰프의 문학 세계를 엿보면서 나는 박경리를 떠올리지 않을 수 없었다. 이 두 위대한 여성작가가 시공을 초월하여 조우하는 지점을 발견했기 때문이다. 이들은 토양과 그 위에 살아 있는 모든 생명체를 더없이 따뜻한 시선으로 바라보고, 살고자 안간힘을 쓰는 세상의

『닐스의 신기한 여행』 초판본 표지(출처 : 위키피디아).

모든 여린 생명에 대해 헤아릴 수 없는 깊은 연민의 정을 갖고 있었다. 문학평론가들이 일컫는, 이른바 생명 있는 모든 것들을 품에 안고자 하는 '거대 모성'이 두 위대한 여성 작가들의 공통분모다. 뿌리는 같은데 자004I라난 토양이 달라 다른 모습, 다른 향기의 꽃으로 피어난 셈이다. 이들은 풀 한 포기, 날짐승 한 마리의 생명도 허투루 보지 않았다. 그래서 닐스가 방문한 곳들은 번듯한 관광지보다는 생명과 삶이 꿈틀대는 장소들이 더 많다.

그런데 이들이 그토록 소중하게 여긴 풀 한 포기, 날짐승 한 마리가 그저 풀 한 포기이고 날짐승 한 마리일 뿐일까? 만물의 영장이라고는 하나 우리 인간도 이 거대한 생태계 속에 그저 한 자리를 차지하고 있는 생명체라 한다면, 이 작은 생명체들의 안위와 우리의 안위가 결코 무관

하지 않을 것이다. 작가 박경리가 자신의 작품보다 더 자주 화제로 올리고 싶어 했던 주제는 모든 생명을 품고 있는 생태계였고, 이로써 사람들에게 깨우쳐주고 싶었던 것은 생명존중사상이었다. 이것은 어떤 지역이나 한 국가의 문제가 아니고 전 인류의 문제이다.

셀마 라겔뢰프는 『닐스의 신기한 여행』에서 기러기 대장 아카의 입을 빌어 닐스에게 이렇게 말했다.

"네가 우리로부터 뭔가를 배웠다면, 땅 전체가 인간만을 위한 곳이라고는 생각하지 않을 거야……. 인간은 큰 땅을 가지고 있어. 그러니 암초섬 몇 개와 습지와 호수 몇 곳, 그리고 황량한 바위섬과 외딴 숲 같은 곳은 우리같이 약한 동물들이 평화롭게 살아갈 수 있도록 남겨둘 수 있어야겠지. 난 평생 쫓기고 사냥당해왔어. 앞으로도 그러겠지……. 나와 같은 동물들에게 안전한 도피처가 있다면 정말 기쁠 거야."

다음은 박경리의 인터뷰 기사 중 일부다.

"…… 사랑이라는 것이, 가장 순수하고 밀도도 짙은 연민이에요, 연민……. 생명들이 순탄하지 못할 때, 솟아나는 연민, 그게 나는 사랑이라고 생각해요."

―「여성 동아」 2004년 10월호에서

그러나 박경리와 셀마 라겔뢰프의 이야기 방식은 아주 다르다. 박경

모로바카 장원. 스웨덴 국민 작가의 소녀 시절 숨결이 생생히 남아 있다.

리의 이야기가 주로 현실에 기반을 둔 민초들의 삶에 관한 것이라면, 셀마 라겔뢰프의 이야기는 전설과 신화를 바탕으로 전개되는 환상적인 허구이다.

모르바카를 향해 떠난 날은, 눈부시게 화창한 그러나 바람 끝에는 아직 북구의 냉기가 남아 있던 4월의 어느 날, 아이들의 부활절 방학이 시작된 봄날이었다. 그런데 모든 것이 빠르게 변하고, 개발이 가장 큰 미덕인 우리나라에서 옛 고향집을 찾기란, '생가'의 의미로 보존되는 유명인이 아니면 거의 불가능한 것 같다. 게다가 요즘 젊은 사람들의 고향은 병원이고 아파트이니 '고향집에 대한 향수'라는 감정은 우리가 느끼는 오만 가지 감정들 중에서 사라져버릴지도 모른다는 생각까지 든다. 그렇다면 우리에게는 사만 구천 구백 구십 구 개의 감정만 남게 되지 않을까! 그래서 『닐스의 신기한 여행』에 나오는 한 여성작가의 고향집 방문 여정이 그토록 가슴에 와 닿았는지 모른다.

책 속에 등장하는 베름란드 출신의 이 여성작가는 두말할 것도 없이 셀마 라겔뢰프 자신이다. 그 여성작가는 현실의 셀마처럼 어린이들이 학교에서 읽을 교재용으로 스웨덴에 관한 책을 한 권 써달라는 부탁을 받았는데, 마음과 달리 잘 써지지가 않아 자신이 살았던 옛 고향집을 방문하기로 마음먹었다. 지금은 남의 집이 되었지만, 고향집이 담고 있는 아름다운 추억은 분명 자신에게 좋은 이야깃거리를 제공해줄 것이라 생각했기 때문이다.

마차에 앉아 옛집을 향해 달려가면서 중년의 그녀는 점점 짧은 치마에 길게 머리를 땋아 내린 소녀가 되어갔다. 그녀가 도착하면 아버지와 어머니, 그리고 형제자매들이 그녀를 반갑게 맞아줄 것만 같았다. 그녀는 집으로 들어가는 오솔길 초입에서 마차를 세웠고, 오솔길을 걸으며 여러 가지 상념에 젖는 사이, 지난 어린 시절이 너무 그리워 눈에서 저절로 눈물이 흘렀다.

오솔길을 걸어 작은 장원에 들어섰을 때, 우연히 올빼미의 공격을 받고 있는 닐스를 구해준 그녀는 닐스가 겪은 여러 가지 모험 이야기를 듣게 되었다.

"거위 등을 타고 스웨덴을 방방곡곡 여행한 아이를 만나게 되다니 정말 어마어마한 행운이야. 이 꼬마 이야기를 모두 내 책에 써야겠다."

『닐스의 신기한 여행』은 이렇게 탄생하게 되었다.

모르바카는 스웨덴에서 가장 큰 호수인 베네른(Vänem) 호수 북쪽으로 약 70킬로미터 떨어진 곳에 있다. 프리켄(Fryken) 호수 서쪽의 45번 도로를 따라 갔는데, 모르바카가 호수 건너편에 있어 호수를 빙 돌아가느라 시간이 더 걸렸다. 셀마가 마차에서 내려 걸어갔던 오솔길이 어디서부터 시작되는지 유심히 살피려 했으나 남편이 운전하는 자동차는 고향집을 방문하는 셀마의 설렘을 함께 느낄 겨를도 없이 먼지를 일으키며 모르바카 주차장에 도착해버렸다.

주차장에는 몇몇 자동차들과 커다란 관광버스가 있었다. 모르바카 주변에는 집이 한 채도 없었는데, 『닐스의 신기한 여행』에 묘사된 대로 모르바카의 식구들은 자급자족하며 바깥 세상과 동떨어져 살았음이 분명해 보였다.

따사로운 햇살을 받으며, 모르바카 저택 내부 견학을 위해 기다리는 관광객은 대부분 할머니 할아버지들이었다. 처음에는 "웬 노인네들이 이렇게 많지?"라고 생각했다가 바로 다음 순간, 이분들이야말로 어렸을 때 셀마의 작품을 읽으며 꿈을 꾸었던, 셀마를 소중히 추억할 수 있는 진정한 독자였음을 깨달았다. 요즘 서가에 꽂힌 고전을 꺼내 읽는 젊은이가 몇 명이나 될까?

드디어 안내원의 인솔을 받으며 할아버지 할머니들과 셀마가 살았던 저택 안으로 들어섰다. 현관에 들어서자마자 박제된 거위가 한 마리가 관광객들을 맞이했는데, 셀마의 70회 생일을 기념하여 스코네 지역 어린이들이 선물한 것이라고 했다. 안타깝게도 내부는 사진 촬영이 금지되어 있어 사진을 한 장도 찍을 수 없었고, 안내원이 스웨덴어로 설명하는 통에 내용도 당최 알아들을 수가 없었다. 참고로, 영어 안내는 6월 중순부터 8월 중순까지만 제공된다. 그러나 다행히도 내 바로 앞에 선 노부부께서 함께 온 중국인에게 영어로 통역해주는 바람에 슬쩍슬쩍 귀동냥을 할 수 있었다.

경험 많은 안내원의 일사천리로 진행되던 설명 중에서 셀마의 작품에 특히 판타지가 많은 이유를 알아차릴 수 있는 대목이 있었다. 어렸을 때, 셀마가 신비한 기적을 경험했던 것이다. 세 살 무렵 셀마는 갑자기 다리가 마비되었고, 1년이 넘도록 걷지도 못하며 고통스러워했다. 이에 가족들은 병을 고치기 위해 서해안에 있는 스퇴름스타드(Strömstad)라는 어촌 마을까지 갔다. 거기서 어린 셀마는 '극락조(paradisfågel)'라는 새를 보았는데, 이 새를 보자마자 걷기 시작했다는 것이다. 드물게 일어나는 이런 설명 불가능한 일이 재주 많은 작가에게 발생하면 화려한 판타지로 승화되는 모양이다.

셀마가 생을 시작하고 마감한 곳인 모르바카는 그녀의 생존 당시와 변함없는 모습으로 잘 보존되어 있었다. 안내원의 설명 중에서 특히 인

1881년에 찍은 셀마 라겔뢰프의 사진(출처 : 위키피디아).

상적이었던 것은 라디오에 대한 것이었다. 셀마는 독일의 텔레풍크라는 라디오공장에서 최신형 라디오를 선물받았는데, 이를 몹시 애지중지했고, 때때로 모르바카 가족들과 이웃까지 모두 불러 모아 함께 라디오에 귀를 기울였다.

셀마가 어렸을 때 모르바카는 외부와 거의 단절된 고립무원의 장원이었다. 그때 모르바카 사람들은 세상이 어떻게 돌아가는지 알지 못한 채, 장원 안에서 그저 소박한 삶을 살았다. 어쩌면 다른 식구들은 왜 아버지가 부도가 났는지 영문도 모른 채 집에서 쫓겨나왔을지도 모른다. 그러나 이제 라디오 덕분에 모르바카 사람들은 바깥세상의 목소리를 들을 수 있게 되었다. 셀마는 누구나 공평하게 세상의 이야기를 들을 수 있어야 한다고 생각했다.

셀마는 두 번의 세계대전을 경험한 불우한 세대 사람이기도 하다. 스웨덴은 늘 중립을 선언하면서 전쟁으로부터는 비교적 멀찌감치 떨어져 있었지만, 셀마는 정치적으로도 목소리를 높인 사회활동가였다. 제2차 세계대전이 시작된 1939년, 소련이 핀란드를 침공했을 때 80살의 노작가 셀마는 자신이 받은 노벨상 메달을 핀란드 정부에 보내 자유를 위해 투쟁하는 핀란드인을 재정적으로 돕고자 했다. 이에 핀란드 정부는 크게 감동을 받았고, 후에 셀마의 메달을 되돌려주었다.

그런데 현재 모르바카에 전시되어 있는 노벨상 메달은 진품이 아니라 모조품이라고 한다. 진품을 진열해놓기에 모르바카는 너무 외지고 방범이 허술하다는 당국의 판단 때문이다. 선진국가 스웨덴에서도 때로 박물관이 털리는 어이없는 사건이 발생하기도 한다.

그런데 모르바카에서 보낸 셀마의 유년 시절은 그녀의 추억만큼 마냥 행복하지만은 않았다. 자상하고 훌륭한 인격의 소유자로 묘사된 아버지는 알코올 중독자였고 셀마의 상급학교 진학을 반대할 만큼 보수적이었다.

어찌 우리의 과거가 아름답기만 하겠는가? 문학을 하는 사람에게는 사물의 이면과 내면을 보는 통찰력이 있어야 하는데, 이런 통찰력은 자신의 삶에 고통의 흔적이 없는 사람에게서는 찾아보기 어렵다. 아마도 셀마에게는 고통스러운 과거도 아름답게 추억할 수 있는 특별한 능력이 있었던 듯하다. 박경리 역시 어느 인터뷰에서 "내가 행복했다면 문학을 하지 않았을 것"이라고 말하지 않았던가.

실내 투어를 마치고 밖으로 나왔다. 어린 셀마는 한눈에 휙 둘러볼 수 있는 이 조그만 모르바카 장원 울타리 안에서 세상의 모든 생명에 대한 사랑과 존중심을 배웠고, 이것을 그녀의 작품에 절절히 녹여냈다. 작지만 그지없이 넓은 모르바카 장원이다. 신간 서적이 매우 괘씸한 까닭은 해묵은 책을 못 읽게 하기 때문이라는 말을 어디선가 읽은 적이 있지만 그녀의 책은 신간 못지않게 언제까지나 즐겨 읽히기를 바란다.

에필로그

닐스, 안녕!

　새벽에 일어나 스미게(Smyge)라는 조그만 어촌 마을에 다녀왔다. 닐스가 기러기들과 헤어진 곳이 바로 이 어촌 마을 바닷가였다. 닐스와 여행의 시작점을 공유했으니 마지막점도 공유하고 싶었다. 그러나 닐스가 기러기와 작별을 한 날은 맑은 초겨울날 새벽이었으나, 내가 간 날은 먹구름이 무겁게 내려앉고, 습기를 머금은 바닷바람이 세차게 부는 초여름 어느 날 새벽이었다.

　기러기 무리와 함께 여행을 하는 동안 많은 것을 보고 느낀 닐스는, 여행을 떠나기 전의 그 말썽꾸러기 닐스가 아니었다. 스웨덴 전역을 날아다니며 땅 위의 생명체들과 깊은 호흡을 함께 나누었고, 이들과 더불어 공존하는 삶의 가치도 깨달았다. 또한 기러기 대장 아카로부터 삶의 지혜를 배웠고, 사랑과 우정 그리고 정의가 무엇인지도 알게 되었다. 그리고 영원히 떠나가는 기러기 친구들에 대한 가슴 아픈 그리움까지 마음에 품을 수 있는 성숙한 소년이 되어 있었다.

원고를 마무리하는 시점에, 닐스와 기러기가 헤어진 바닷가에 서 있으니 만감이 교차했다. 고백하건대, 닐스의 여행은 닐스만 성장시킨 것이 아니라 나의 스웨덴에서의 삶도 크게 살찌웠다. 스웨덴을 역사적 맥락에서 미천하게나마 이해할 수 있게 되었고, 문화적 향취도 얼핏 이들과 더불어 즐길 수 있게 되었으며, 닐스를 따라 다니는 여행기를 쓴다는 점에서 스웨덴 사람들의 애정 어린 관심을 받기도 했다. 책을 쓰면서 나는 스웨덴과 두 뼘 더 친해졌다.

그러나 사실 프롤로그에서 밝혔듯이 책 구상을 하면서 가졌던 의도는, 내 눈에 이토록 게으르게 비치는 이들이 잘사는 이유가 뭔지 알아내는 것이었고, 우리가 잘 모르는 복지국가의 씁쓸한 이면을 들춰 보는 것이었다. 실제로 책을 쓰면서 스웨덴의 몰랐던 모습을 발견하기도 했고, 이들이 역사 속에서 취해왔던 이기적인 태도에 놀라기도 했다. 그러나 역대 스웨덴 정권이 정파와 상관없이 일관성 있게 국민의 안위를 최우선시해왔다는 점은 대단히 인상적이었다.

이외에도 나는 꽤 오랫동안 닐스를 따라다니는 여행을 하면서, 전 인류가 보듬고 나가야 할 보편적인 가치인 생명존중 사상을 아주 구체적으로 느꼈다. 이미 멸종되었거나 멸종 위기의 동물들 소식을 접할 때마다 마음이 아주 서늘해진다. 인간도 지구상에 존재하는 하나의 생명체에 불과하니 말이다.

얼마 전 내게 큰 행운이 찾아왔다. 이곳 나의 한 지인이 셀마 라겔뢰프의 친척을 소개해준 것이다. 엘리자베트 라겔뢰프! 셀마 라겔뢰프 오빠의 손녀이며 현재 셀마 라겔뢰프 재단 사무총장을 맡고 있다. 셀마 라

셀마의 조카손녀인 엘리자베트 라겔뢰프.

라겔뢰프는 평생 독신으로 살았으므로 엘리자베트가 가장 가까운 혈육일 것이다.

내가 사는 말뫼에서 스톡홀름까지는 기차로 4시간 20분, 그러나 그분을 만나 뵙는 데 결코 먼 길이 아니었다. 작가의 개인사도 듣고 최근 스웨덴 사회의 몇 가지 핫이슈에 관한 의견을 나누면서 나름대로 진지한 시간을 가졌는데, 문득 내게 "만약 닐스가 지금 스웨덴을 여행한다면 어떤 장소들을 방문하는 게 좋겠냐?"는 질문을 하셨다. 에필로그를 쓰는 시점에서 새로운 생각거리를 던져주신 셈이다.

집으로 돌아오는 기차 속에서 내내 이 새로운 생각거리가 머릿속을 맴돌았다. 기러기들과 여행을 마치고 한층 성숙해진 닐스는 어떤 청년으로 자랐을까? 나는 소년 닐스가 부당함과 불의에 저항하는 의로운 청년으로 자랐기를 바란다.

오늘날 스웨덴은 그저 아름다운 복지국가로 알려져 있지만, 그 역사에도 정치폭력과 국가범죄가 있었고, 불의와 부당함이 있었으며 그것에 맞선 저항 세력이 있었다. 닐스라면 아마도 그 저항 세력 대열에 서 있지 않았을까! 청년 닐스가 걸었을 그 저항 세력의 발걸음을 따라 걸어 보고 싶다는 생각이 들었다.

  천상병 시인은 삶을 소풍에 비유한 바 있는데, 이국에서의 삶은 더욱 소풍 같고 여행 같다. 이 책을 마무리하니 마치 긴 여행 중에 짧은 하루 소풍을 마친 듯한 기분이 든다.

스웨덴,
삐삐와 닐스의 나라를 걷다

글·사진 _ 나승위
펴낸이 _ 강인수
펴낸곳 _ 도서출판 **파피에**

초판 1쇄 발행 _ 2015년 12월 28일
초판 2쇄 발행 _ 2016년 5월 10일

등록 _ 2001년 6월 25일 (제2012-000021호)
주소 _ 서울시 마포구 서교동 487 (209호)
전화 _ 02-733-8668
팩스 _ 02-732-8260
이메일 _ papier-pub@hanmail.net

ISBN 978-89-85901-79-6 (03920)

· 잘못 만들어진 책은 바꾸어 드립니다.
· 값은 뒤표지에 있습니다.

ⓒ 나승위, 2015

이 책은 신저작권법에 의하여 보호를 받는 저작물이므로 무단전재와 무단복제, 광전자 매체 수록 등을 금하며, 이 책 내용의 전부 또는 일부를 이용하려면 반드시 저작권자와 파피에 출판사의 서면 동의를 받아야 합니다.